DAS NORMAS GERAIS

Alcance e Extensão da Competência Legislativa Concorrente

Paulo Afonso Cavichioli Carmona

Prefácio
Adilson Abreu Dallari

DAS NORMAS GERAIS

Alcance e Extensão da Competência Legislativa Concorrente

Belo Horizonte

2010

© 2010 Editora Fórum Ltda.

É proibida a reprodução total ou parcial desta obra, por qualquer meio eletrônico, inclusive por processos xerográficos, sem autorização expressa do Editor.

Conselho Editorial

Adilson Abreu Dallari
André Ramos Tavares
Carlos Ayres Britto
Carlos Mário da Silva Velloso
Carlos Pinto Coelho Motta
Cármen Lúcia Antunes Rocha
Clovis Beznos
Cristiana Fortini
Diogo de Figueiredo Moreira Neto
Egon Bockmann Moreira
Emerson Gabardo
Fabrício Motta
Fernando Rossi
Flávio Henrique Unes Pereira

Floriano de Azevedo Marques Neto
Gustavo Justino de Oliveira
Jorge Ulisses Jacoby Fernandes
José Nilo de Castro
Juarez Freitas
Lúcia Valle Figueiredo (*in memoriam*)
Luciano Ferraz
Lúcio Delfino
Márcio Cammarosano
Maria Sylvia Zanella Di Pietro
Oswaldo Othon de Pontes Saraiva Filho
Paulo Modesto
Romeu Felipe Bacellar Filho
Sérgio Guerra

Luís Cláudio Rodrigues Ferreira
Presidente e Editor

Coordenação editorial: Olga M. A. Sousa
Revisão: Marcelo Belico
Bibliotecária: Tatiana Augusta Duarte – CRB 2842 – 6ª Região
Capa, projeto gráfico e formatação: Walter Santos

Av. Afonso Pena, 2770 – 15º/16º andares – Funcionários – CEP 30130-007
Belo Horizonte – Minas Gerais – Tel.: (31) 2121.4900 / 2121.4949
www.editoraforum.com.br – editoraforum@editoraforum.com.br

C287n   Carmona, Paulo Afonso Cavichioli

Das normas gerais: alcance e extensão da competência legislativa concorrente / Paulo Afonso Cavichioli Carmona; prefácio de Adilson Abreu Dallari. Belo Horizonte: Fórum, 2010.

176 p.
ISBN 978-85-7700-392-1

1. Direito constitucional. 2. Direito administrativo. I. Dallari, Adilson Abreu. II. Título.

CDD: 341.2
CDU: 342

Informação bibliográfica deste livro, conforme a NBR 6023:2002 da Associação Brasileira de Normas Técnicas (ABNT):

CARMONA, Paulo Afonso Cavichioli. *Das normas gerais*: alcance e extensão da competência legislativa concorrente. Belo Horizonte: Fórum, 2010. 176 p. ISBN 978-85-7700-392-1.

Dedico o presente livro aos meus bisavôs maternos, Ugo Cavicchioli e Humberto Targa (in memoriam).

Penhoro, ainda, minha incondicional gratidão a minha família, meus pais Ivonete e Afonso, e minha irmã Ana Elisa, a quem também dedico o presente trabalho.

Ao amigo-irmão, Paulo Francisco Abbá de Faria.

A Ele, por mais um sonho realizado.

Agradecimentos

Aos ilustres professores do Pós-Graduação em Direito do Estado da Pontifícia Universidade Católica de São Paulo (PUC-SP), notadamente ao Dr. Adilson Abreu Dallari, à Dra. Daniela Campos Libório Di Sarno e ao Dr. Geraldo Ataliba (*in memoriam*), uma vez que o presente livro originou-se da monografia *Normas gerais em matéria de legislação tributária*, apresentada em 2004 como exigência parcial para a conclusão da disciplina de Direito Constitucional Tributário, ministrada no curso de pós-graduação *stricto sensu* da referida Universidade pela Professora Dra. Elizabeth Nazar Carrazza.

Ao Dr. Luis Cláudio Ferreira e à Editora Fórum, por todo o apoio.

Ao Desembargador paulista Dr. Francisco Roberto Alves Bevilacqua, exemplo de todas as horas.

Sumário

Prefácio
Adilson Abreu Dallari 11

Introdução 15

Capítulo 1
O Federalismo 19
1.1 Prolegômenos 19
1.2 Formas de Estado 20
1.3 Distinção entre soberania e autonomia 21
1.4 Origens históricas do federalismo 22
1.5 Origens históricas do federalismo no Brasil 23
1.6 Modelos de repartição de competência 24
1.7 Tipologias do federalismo 26

Capítulo 2
A Federação Brasileira 29
2.1 A partilha constitucional de competências 29
2.2 Classificações das competências 30
2.3 Competências expressas da União e dos Municípios 33
2.4 Competências concorrentes 38
2.5 Competências remanescentes dos Estados 43
2.6 Competências do Distrito Federal 43

Capítulo 3
As Normas Gerais 47
3.1 Introdução 47
3.2 Antecedentes históricos 49
3.3 Conceito e alcance 54
3.4 Sistematização dos entendimentos doutrinários 57
3.5 Principais efeitos 60

Capítulo 4
A Jurisprudência do STF sobre Normas Gerais 63
4.1 Introdução 63
4.2 Normas gerais em matéria de Direito Administrativo 69
4.2.1 Conceito e objeto 69
4.2.2 Competência exclusiva e concorrente 70

4.2.3	Normas gerais e Anteprojeto de Lei Orgânica da Administração Pública 81
4.2.4	Normas gerais, Copa do Mundo e Jogos Olímpicos 92
4.2.5	Análise da jurisprudência 95
4.3	Normas gerais em matéria de Direito Urbanístico 99
4.3.1	Urbanismo, urbanização e urbanificação 99
4.3.2	Conceito e objeto 100
4.3.3	Análise da jurisprudência 103
4.4	Normas gerais em matéria de Direito Ambiental 105
4.4.1	Conceito e objeto 105
4.4.2	Competências 107
4.4.3	Análise da jurisprudência 110
4.5	Normas gerais em matéria de Direito Educacional 111
4.5.1	Conceito e objeto 111
4.5.2	Competências 115
4.5.3	Análise da jurisprudência 116
4.6	Normas gerais em matéria de Direito Tributário 119
4.6.1	Breve histórico 119
4.6.2	Conceito e objeto 119
4.6.3	Doutrinas sobre normas gerais de direito tributário 121
4.6.4	O CTN e as normas gerais em matéria de legislação tributária 126
4.6.5	Análise da jurisprudência 127
4.7	Normas gerais em matéria de Direito Financeiro e Orçamentário 128
4.7.1	Conceito e objeto 128
4.7.2	Análise da jurisprudência 131
4.8	Normas gerais em matéria de Direito Econômico 133
4.8.1	Conceito e objeto 133
4.8.2	Análise da jurisprudência 135
4.9	Normas gerais em matéria de Direito do Consumidor 136
4.9.1	Conceito e objeto 136
4.9.2	Análise da jurisprudência 139
4.10	Normas gerais em matéria de Direito Sanitário 140
4.10.1	Conceito e objeto 140
4.10.2	Análise da jurisprudência 143
4.11	Normas gerais em matéria de Direito Previdenciário 145
4.11.1	Conceito e objeto 145
4.11.2	Análise da jurisprudência 148
4.12	Normas gerais em matéria de Direito Penitenciário 149
4.12.1	Conceito e objeto 149
4.12.2	Análise da jurisprudência 151

REFERÊNCIAS 153

ANEXO
Anteprojeto da Lei Orgânica da Administração Pública 161

Prefácio

O presente livro parte de um aprofundado exame do conceito de "normas gerais" para chegar ao objetivo de definir o alcance e a extensão da competência legislativa concorrente, que a Constituição Federal de 1988 conferiu aos integrantes da federação brasileira. Como se pode notar de plano, trata-se de um estudo que reúne temas, cada um deles, da mais alta complexidade, como a estrutura do estado federativo, a distribuição da competência legislativa, a competência concorrente e seus limites.

O esquema básico de distribuição de competências utilizado pela Constituição Federal, consistente em atribuir competências enumeradas à União, competências ao Município nas matérias de predominante interesse local e competência residual para cada Estado-membro, é aparentemente, mas enganosamente, simples. Com efeito, as competências dos Estados-membros e dos Municípios são definidas de maneira genérica, que comporta certa elasticidade, em função de peculiaridades locais e regionais, não permitindo uma decisão imediata e segura daquilo que compete a quem. Esse quadro é agravado pela inserção no quadro federativo, como membro integrante da federação, dessa figura híbrida que é o Distrito Federal. Essa imprecisão se agrava exatamente com a atribuição à União para editar "normas gerais" sobre uma pluralidade de assuntos, o que, de certa forma, alarga, consideravelmente o rol de suas competências, as quais deixam de ser precisamente enumeradas.

Logicamente, o adjetivo "gerais" representa uma limitação quanto ao alcance dessas "normas" de competência da União. Mas, quais são esses limites? Por outro lado, se essas normas gerais são condicionantes para Estados e Municípios, é certo que, necessariamente, afetam a autonomia e a independência desses entes federados. Entretanto, tais prerrogativas são absolutamente elementares e fundamentais em um estado de estrutura federativa. Até onde a autonomia e a independência pode ser limitada pelas normas gerais editadas pela União?

Para completar esse quadro de dificuldades, convém lembrar que a Constituição Federal confere competências ao governo federal para editar duas espécies de leis bastante distintas, não obstante produzidas da mesma forma e até mesmo identificadas pela numeração sequencial sem qualquer distinção. Ou seja, compete ao aparelho legislativo da União, com a sanção do Presidente da República, produzir tanto leis nacionais, aplicáveis a todos os jurisdicionados do Estado brasileiro (abrangendo a própria União, os Estados-membros e Distrito Federal e os Município), quanto leis federais, propriamente ditas, aplicáveis tão somente à estrutura e funcionamento dos órgãos e entidades integrante da administração pública federal, inclusive no seu relacionamento com os particulares.

Essa confusão entre leis nacionais e leis federais se evidencia com muita força em matéria de licitações e contratos administrativos. Com efeito, temos a Lei nº 8.666/93 que se apresenta como norma geral, mas desce a detalhes absolutamente incompatíveis com o conceito de norma geral. A modalidade de licitação designada como pregão foi introduzida no cenário jurídico por uma Medida Provisória, aplicável somente à União, mas que foi convertida na Lei nº 10.520/02, aplicável igualmente a todos os entes federativos. A concessão de serviço público foi disciplinada por uma lei nacional, Lei nº 8.987/95, a qual foi "complementada" pela Lei nº 9.074/95, que se aplicava quase que exclusivamente às concessões outorgadas pelo governo federal. A lei das parcerias público-privadas, Lei nº 11.079/04, tem uma parte inicial de caráter nacional, mas seus dispositivos finais são aplicáveis exclusivamente à União. Mais recentemente, surgiu a Lei nº 12.232, de 29 de abril de 2010, contendo normas gerais de licitação e contratação de serviços de publicidade, de maneira bastante detalhada. Mas essa norma geral foi imediatamente seguida pela Medida Provisória nº 489, de 12 de maio de 2010, pela qual o Presidente da República se autoriza a si mesmo (vale a redundância para evidenciar o absurdo) a integrar um determinado consórcio público, a Autoridade Pública Olímpica, e que, em diversos artigos, altera normas gerais de licitações e contratações, inclusive, e principalmente, a Lei nº 8.666/93, deixando no ar a dúvida sobre se tais alterações valem apenas para esse consórcio público ou devem ser observadas por todos os entes federativos. Teria a União, competência para criar normas de licitações e contratações específicas para tal consórcio público, alterando ou contrariando as normas gerais de caráter nacional?

A obra em exame oferece uma série de referências ou parâmetros para que dúvidas como essa possam ser solucionadas. No decurso do texto, cada questão controvertida é analisada com o auxílio de numerosas e qualificadas referências bibliográficas doutrinárias, fruto de uma cuidadosa pesquisa, proporcionando aos leitores e estudiosos um direto e imediato conhecimento de como a melhor doutrina apreciou e se posicionou a respeito de cada controvérsia. Esse rico manancial de conhecimentos é complementado por uma formidável análise da jurisprudência.

Todo um capítulo é dedicado ao exame e discussão da jurisprudência do Supremo Tribunal Federal em casos envolvendo a discussão sobre o conceito, o alcance e a aplicabilidade de normas gerais em matéria de Direito Administrativo, Urbanístico, Ambiental, Educacional, Tributário, Financeiro e Orçamentário, Econômico, do Consumidor, Sanitário, Previdenciário e Penitenciário. É muito interessante notar que, conforme a específica matéria em discussão, a jurisprudência ora tende a uma posição mais centralizadora, fortalecendo a competência da União, e ora tende a um posicionamento mais federativo, valorizando mais a competência estadual e municipal.

Ao final, o autor enfrenta o problema da constitucionalidade ou inconstitucionalidade de uma possível futura Lei Orgânica da Administração Pública, editada pela União, mas com caráter de lei nacional, de observância obrigatória para todos os entes federativos, que foi objeto de um anteprojeto elaborado por uma comissão de notáveis juristas. Essa futura lei viria substituir o vetusto Decreto-lei nº 200, de 25 de setembro de 1967, o qual, não obstante expressamente se referisse à disciplina dos órgãos e entidades integrantes apenas da administração pública federal, acabou ganhando foros de norma geral, talvez pela inexistência de outros textos normativos sobre a matéria, mas, muito possivelmente, pelo fato de ter sido editado em tempos de excepcionalidade institucional.

A referida comissão de juristas sustenta a constitucionalidade de tal lei nacional de organização administrativa, extraindo uma competência implícita derivada de uma pluralidade de fragmentos de dispositivos constitucionais conferindo competência à União para legislar em assuntos tipicamente de organização administrativa. Somam a isso o precedente de observância do Decreto-lei nº 200 e, ainda, a necessidade e utilidade dessas normas gerais. O problema, porém, é o de que um dos traços fundamentais do sistema federativo é exatamente a autonomia administrativa dos entes federados, que significa, exatamente, a liberdade para organizar sua própria estrutura administrativa.

É bastante louvável o objetivo de uniformizar a nomenclatura, transformando conceitos jurídico-doutrinários em conceitos jurídico-positivos. Por exemplo, atualmente, os conceitos de administração direta, administração indireta e administração descentralizada não são unívocos, trazendo dificuldades na interpretação e aplicação de normas que se utilizam de tais conceitos. Mas o risco de ferir o sistema federativo, que integra o chamado cerne fixo da Constituição (art. 60, §4º) recomenda uma extremada prudência no exame da constitucionalidade daquela propositura.

Por tudo isso que foi acima exposto, fica evidenciada a enorme utilidade prática da obra em exame, muito especialmente em decorrência da cultura jurídica do autor e da clareza e objetividade da exposição, podendo-se afirmar que, certamente, será obra de consulta obrigatória para quem, doravante, pretender aprofundar o estudo dos temas nela versados.

São Paulo, junho de 2010.

Adilson Abreu Dallari
Mestre, doutor e livre-docente pela PUC-SP. Professor Titular de Direito Administrativo da PUC-SP. Advogado e parecerista.

Introdução

O tema da caracterização das normas gerais ainda está em elaboração pela doutrina brasileira. Não se trata, portanto, de um tema já resolvido, talvez porque seja impossível estabelecer com absoluta precisão a extensão do conceito em tela. A questão vem sendo debatida na doutrina jurídica de longa data, com destaque para os textos pioneiros de Carlos Alberto Alves de Carvalho Pinto,[1] Rubens Gomes de Sousa[2] e Geraldo Ataliba,[3] sem embargo de diversos escritos mais recentes que contribuíram decisivamente para o aprofundamento do tema, como o de Tercio Sampaio Ferraz Júnior,[4] Diogo de Figueiredo Moreira Neto,[5] Raul Machado Horta,[6] Carlos Ari Sundfeld,[7] Adilson Abreu Dallari[8] e Washington Peluso Albino de Souza.[9]

---

[1] CARVALHO PINTO. *Normas gerais de direito financeiro*: interpretação da letra "b", inciso XV do artigo 5 da Constituição Federal, procedida a proposito dos trabalhos da III Conferência de Técnicos em Contabilidade Pública e Assuntos Fazendários, a se realizar na Capital Federal em agosto de 1949.

[2] SOUSA. Normas gerais do direito financeiro. *Revista de Direito Administrativo*, p. 12-34.

[3] ATALIBA. *Normas gerais de direito financeiro e regime jurídico das autarquias* e ATALIBA. Normas gerais de direito financeiro e tributário e autonomia dos Estados e municípios: limites à norma geral: Código Tributário Nacional. *Revista de Direito Público*, p. 45-80.

[4] FERRAZ JÚNIOR. Segurança jurídica e normas gerais tributárias. *Revista de Direito Tributário*, p. 51-56.

[5] MOREIRA NETO. Competência concorrente limitada: o problema da conceituação das normas gerais. *Revista de Informação Legislativa*, p. 127-162 e MOREIRA NETO. A competência legislativa e executiva do município em matéria ambiental: a nova organização federal e as atribuições do município na proteção, conservação e melhoria do meio ambiente. *Revista de Informação Legislativa*, p. 123-138.

[6] HORTA. Repartição de competências na Constituição Federal de 1988. *Revista Forense*, p. 55-66.

[7] SUNDFELD. Sistema constitucional das competências. *Revista Trimestral de Direito Público*, p. 272-281.

[8] DALLARI. Lei estadual de concessões e legislação federal superveniente. *Revista Trimestral de Direito Público*, p. 68-74.

[9] SOUZA. Normas gerais de direito econômico. *In*: TEIXEIRA (Coord.). *Estudos em homenagem ao Ministro Adhemar Ferreira Maciel*, p. 743-775.

No entanto, porque a competência para legislar sobre "normas gerais" aparece diversas vezes na Constituição Federal, torna-se imperioso fixar-lhe os contornos, sem os quais o cientista do direito não conseguirá laborar satisfatoriamente com o ordenamento jurídico.

Dada a fluidez da expressão "normas gerais", para alcançar-se uma identificação rigorosa da expressão ou ao menos conseguir mais do que simples indicação de critérios, é preciso ter em mente que todos vão ressentir, também, de alguma indeterminação.

Na realidade, a fórmula "normas gerais" incorpora enorme dificuldade de definição, especialmente para apurar o âmbito de liberdade que resta para os outros entes federados que não a União acerca da referida competência.

Tal como bem delimitou o tema, o ilustre Geraldo Ataliba questiona:

> Se o Brasil é uma federação, se os Estados são autônomos e se se consagrou também — como princípio constitucional — a autonomia municipal, como compreender a existência das normas gerais de Direito Financeiro e Tributário?
>
> Se a autonomia consiste no "governo dos próprios negócios, mediante autoridades e leis próprias", como obedecerem os autônomos a normas elaboradas por outrem?
>
> Como conciliar a competência do Congresso Nacional para elaborar estas normas gerais, com a autonomia dos Estados e Municípios?
>
> Quais as finalidades das normas gerais?
>
> Quais os limites constitucionais a seu poder vinculante?[10]

Pretendemos responder tais questionamentos defrontando os diversos posicionamentos doutrinários e jurisprudenciais acerca do tema. De que forma?

Trataremos de temas de fundamental importância para nossas conclusões. Iniciaremos fazendo uma incursão — ainda que breve — no tema da federação, apresentando seu conceito, suas características principais e os elementos que a ela dão sustentação, dando-se ênfase à autonomia dos entes políticos.

Em seguida, analisaremos o nosso sistema federativo, o qual, juntamente com o princípio da autonomia municipal, dá ensejo ao princípio da isonomia das pessoas constitucionais. Identificaremos também

---

[10] Cf. ATALIBA. Normas gerais de direito financeiro e tributário e autonomia dos Estados e municípios: limites à norma geral: Código Tributário Nacional. *Revista de Direito Público*, p. 45-80.

a repartição de competências constitucionais para legislar sobre normas gerais para depois sumular o fruto das conclusões dos ensinamentos da melhor doutrina sobre o tema.

Por fim, analisaremos criticamente a jurisprudência do Supremo Tribunal Federal no tema, abordando as normas gerais em matéria de Direito Administrativo, Urbanístico, Ambiental, Educacional, Tributário, Financeiro, Orçamentário, Econômico, Consumidor, Sanitário, Previdenciário e Penitenciário.

Como método de interpretação, adotaremos essencialmente o sistemático, sem desgarrar de outras diretrizes hermenêuticas acessórias, por entendermos ser este cientificamente mais seguro. Além disso, cabe a lembrança da advertência do ilustre jurista Celso Ribeiro Bastos, segundo a qual "a letra da Constituição é o ponto de partida e limite último do intérprete", pois "avançar além desses limites significaria criar uma Constituição paralela à Constituição real, para se utilizar de expressão cunhada por J. J. Gomes Canotilho".[11]

---

[11] BASTOS. *Hermenêutica e interpretação constitucional*, p. 182.

Capítulo 1

O Federalismo

Sumário: 1.1 Prolegômenos – **1.2** Formas de Estado – **1.3** Distinção entre soberania e autonomia – **1.4** Origens históricas do federalismo – **1.5** Origens históricas do federalismo no Brasil – **1.6** Modelos de repartição de competência – **1.7** Tipologias do federalismo

1.1 Prolegômenos

A palavra *país* manifesta a unidade geográfica, histórica, econômica e cultural das terras ocupadas por uma determinada população. Portanto, pode ou não coincidir com o nome do respectivo Estado.

Por sua vez, Estado é o poder soberano-institucionalizado (organização) que tem como finalidade específica e essencial a regulamentação global das relações sociais entre os membros de uma população sobre determinado território.

Nos dizeres do jusfilósofo alemão Georg Jellinek, "Estado é a corporação territorial dotada de um poder de mando originário", ou seja, é composto por três elementos essenciais: povo, território e governo soberano, sendo que *povo* é o componente humano, *território* a base física e o *governo soberano* é o elemento condutor do Estado.

Aliás, não há Estado independente sem soberania, que é o poder absoluto, uno e indivisível de organizar-se e conduzir-se segundo a vontade livre do povo. Não é por acaso que o parágrafo único do art. 1º da Constituição Federal prescreve que todo poder emana do povo, que o exerce por meio de representantes eleitos ou indiretamente (através de referendo, plebiscito, iniciativa popular de projeto de lei etc.).

Estado encerra um conceito muito diferente de Administração Pública ou até mesmo de administração pública. Administração Pública — conceito utilizado no sentido subjetivo, formal ou orgânico — é o conjunto de sujeitos que desempenham a atividade administrativa, ou seja, é formado por agentes, órgãos e entidades públicas; já administração pública — no sentido objetivo, material ou funcional — é sinônimo de atividade ou função administrativa, isto é, a gestão, nos termos da lei e da moralidade administrativa, de bens, interesses e serviços públicos visando o bem comum.[12]

1.2 Formas de Estado

Forma de Estado é a maneira pela qual o poder político é exercido dentro do território. O poder político pode ser exercido de duas maneiras, quais sejam: forma unitária ou federativa.[13]

Falar-se-á que um Estado é unitário quando houver apenas uma unidade de poder sobre o território, pessoas e bens, tal como na França, Portugal, Chile, Uruguai, Paraguai etc.

De outro lado, se há uma repartição de poderes no espaço territorial, o que gerará uma multiplicidade de organizações governamentais, distribuídas de forma regional, estaremos diante do Estado federal.

Por outras palavras, no Estado unitário há uma forte centralização nas decisões políticas, uma vez que há apenas uma fonte de poder, o órgão central. Ao contrário, no Estado federal há descentralização ou repartição dos centros de poder, pois ao lado do poder central surgem entidades regionais autônomas.

Conforme ensina Roque Antonio Carrazza:

> *Federação* (de *foedus, foedoris*, aliança, pacto) é uma associação, uma união institucional de Estados, que dá lugar a um novo Estado (o Estado Federal), diverso dos que dele participam (os Estados-membros). Nela, os Estados Federados, sem perderem suas personalidades jurídicas, despem-se de algumas prerrogativas, em benefício da União. A mais relevante delas é a soberania.[14]

Na lição de Konrad Hesse, federação é:

> (...) uma união de várias organizações estatais e ordens jurídicas, e, precisamente, aquelas dos "Estados-membros", e aquelas do "estado total", em que estado-total e Estados-membros são coordenados mutuamente na forma que as competências estatais entre eles são repartidas, que aos Estados-membros, por meio de um órgão especial, são concedidas determinadas possibilidades de influência sobre o estado-total, ao

---

[12] GASPARINI. *Direito administrativo*, p. 56.
[13] Formas de Estado não se confundem com as formas de governo (república ou monarquia) e com sistema de governo (parlamentarista ou presidencialista).
[14] CARRAZZA. *Curso de direito constitucional tributário*, p. 113.

estado-total determinadas possibilidades de influência sobre os Estados-membros e que uma certa homogeneidade das ordens do estado-total e dos Estados-membros é produzida e garantida.[15]

Portanto, federação é modelo constitucional em que se prevê a descentralização do poder estatal com pluralidade de centros de poderes autônomos, coordenados pelo poder central, este sim, exercendo a soberania externa porque é o único que representa e tem presença em todo o território nacional.

1.3 Distinção entre soberania e autonomia

Soberania e autonomia relevam conceitos inconfundíveis. Para o Direito Internacional, o único detentor de soberania é o Estado federal, pois os entes federados são titulares de autonomia federativa, isto é, possuem órgãos governamentais próprios e competências exclusivas.

A palavra *autonomia* deriva do grego e significa o direito de reger-se por suas próprias leis, o que indica que a pessoa autônoma possui a faculdade de traçar as normas de sua conduta. Note-se, no entanto, que a autonomia é sempre relativa pois esbarra na soberania, que pertence ao Estado brasileiro e é exercida pela União.

Na feliz síntese de Diogo de Figueiredo Moreira Neto, "em suma: *autonomia* federativa é a medida constitucional do exercício da soberania e *competência* federativa, a expressão positiva dessa partilha".[16]

Com efeito, a descentralização política — aquela que ocorre quando o ente descentralizado exerce atribuições próprias que não decorrem do ente central — é a situação jurídica dos Estados-membros, o Distrito Federal e os Municípios, em relação à União, já que cada um deles tem competência legislativa própria, com fundamento na Constituição Federal.

Dito de outra forma, os entes federados não atuam por delegação ou concessão do governo central, pois possuem autonomia (poder de editar suas leis). Tal espécie de descentralização — a política — é própria do Estado federado, ao contrário daquela denominada *descentralização administrativa*, típica do Estado unitário.

---

[15] HESSE. *Elementos de direito constitucional da República Federal da Alemanha*, p. 178.
[16] Cf. MOREIRA NETO. A competência legislativa e executiva do município em matéria ambiental: a nova organização federal e as atribuições do município na proteção, conservação e melhoria do meio ambiente. *Revista de Informação Legislativa*, p. 123-138.

Exatamente por isso que a doutrina administrativista aparta a descentralização política, feita pela CF, das espécies de descentralização administrativa, feita pela lei ou nos termos da lei, em que o ente descentralizado recebe competência repassada pelo ente central – como no caso da criação de uma pessoa da Administração Indireta (art. 4º, II, DL nº 200/67) ou a transferência de atribuição administrativa para um concessionário ou permissionário de serviço público.

1.4 Origens históricas do federalismo

O federalismo foi construído a partir do paradigma norte-americano.

Os primeiros núcleos de população inglesa no território dos Estados Unidos datam somente do século XVII: os ingleses criaram colônias na Virgínia (1607), em Plymouth (1620) em Massachusetts (1630), em Maryland (1632); a colônia de Nova York, fundada pelos holandeses, torna-se inglesa em 1664; a colônia da Pensilvânia, originariamente sueca, torna-se também inglesa em 1681.[17]

Assim, as treze colônias inglesas, que já estavam assim constituídas desde 1722, em 1776, aglutinaram-se sob o modelo de Confederação, declarou-se, então, que cada Estado poderia conservar a sua soberania, a sua liberdade e sua independência, não haveria um governo central, mas uma Confederação de Estados soberanos.

Com o passar do tempo, os americanos verificaram a fragilidade da sua união confederal, que se tornou incapaz de resolver os seus problemas internos, principalmente os econômicos, razão pela qual resolveram se unir de outra forma: um Estado soberano apenas, porém assegurada autonomia política das antigas colônias, agora denominadas Estados federados.

Conforme afirma Mário Lúcio Quintão Soares:

> (...) pode-se dizer que o federalismo é um produto histórico da transformação da confederação dos 13 Estados, sucessores das ex-colônias inglesas, em novo tipo de Estado, denominado Estado Federal, através da Convenção de Filadélfia, que elaborou a Constituição de 1787.[18]

---

[17] Cf. DAVID. *Os grandes sistemas do direito contemporâneo*, p. 449.
[18] SOARES. *Teoria do Estado*: o substrato clássico e os novos paradigmas como pré-compreensão para o direito constitucional, p. 407.

1.5 Origens históricas do federalismo no Brasil

O Estado brasileiro nasceu como uma monarquia centralizadora por conta da Constituição de 1824, ou seja, era um Estado unitário com forte centralização no poder da Corte, sobrando pouca ou nenhuma autonomia para as Províncias do então Império brasileiro.

Com o surgimento do movimento republicano, em especial pelo Partido Republicano Paulista, ganhou força a ideia de se constituir uma república organizada em Estado federal, o que efetivamente veio a ocorrer com a Constituição de 1891, embora durante toda a história republicana sempre existiu uma forte tendência de centralizar as decisões nas mãos da União.

A Constituição de 1891, de cunho liberal, confirmou o federalismo dual, consagrou à tripartição dos poderes nos moldes clássicos propostos por Montesquieu, introduziu forma presidencial de governo, e como rompeu com o regime monarquista, desconheceu privilégios e separou o Estado da Igreja.

Deste modo, podemos observar que o federalismo brasileiro percorreu de forma inversa do modelo norte-americano. O poder centralizado é que foi repartido entre as diferentes ex-províncias brasileiras. A federação brasileira resultou da desagregação do Estado unitário, enquanto a federação norte-americana resultou da agregação de Estados-membros soberanos.

A República Velha perdurou até a Revolução de 1930, quando Getúlio Vargas assumiu o poder e tornou o Estado centralizador, colocando em cheque o federalismo brasileiro diante da valorização do nacionalismo e do intervencionismo estatal.

Com a queda do Estado Novo, em outubro de 1945, foi elaborada a Constituição de 1946, que priorizou o restabelecimento do federalismo brasileiro.

Em 1961, no entanto, com a renúncia do Presidente Jânio Quadros e posse do vice-presidente João Goulart, e o Brasil viveu um período de agitação política que culminou no golpe militar de 1964. Este regime perdurou por mais de vinte anos e, durante este lapso temporal, além dos atos institucionais, foi outorgada a Constituição de 1967, modificada, em 1969, por meio da Emenda Constitucional nº 1, que acentuou a concentração de competências em prol da União fortalecendo consideravelmente as prerrogativas do Presidente da República, com a consequente quebra do federalismo cooperativo.

Fruto do movimento "Diretas Já", em 1985 assume um civil a Presidência da República, abrindo espaço para redemocratização do país e a convocação de uma Assembleia Constituinte, que promulgou a nova Constituição Federal em 5 de outubro de 1988.

A atual Magna Carta estabelece em seu artigo 1º, *caput*, que a República Federativa do Brasil é formada pela união indissolúvel dos Estados, Municípios e Distrito Federal, o que significa que o princípio federativo é um dos princípios basilares do Estado Democrático de Direito brasileiro.

É precisa a observação do professor Adilson Abreu Dallari:

> No art. 1º da Constituição Federal está afirmado o princípio federativo. É como se o legislador constituinte quisesse advertir a todo e qualquer intérprete do texto constitucional que tudo quanto em seguida se prescreve está subordinado a tal princípio.[19]

Note-se, ademais, que a cláusula federativa possui proteção máxima no sistema constitucional pátrio, diante do disposto no art. 60, §4º, inciso I.[20]

1.6 Modelos de repartição de competência

Podemos destacar quatro modelos de repartição de competências, quais sejam:[21]

a) as que conjugam competências enumeradas à União competências remanescentes aos Estados — este modelo é originário e foi instituído pela primeira vez na Constituição dos EUA, do qual decorreram as classificações de poderes enumerados e remanescentes, poderes explícitos e implícitos; é a técnica predominante, adotada por EUA, Suíça, Argentina, ex-URSS e Austrália;

b) as que atribuem competências enumeradas aos Estados e remanescentes à União, a exemplo do Canadá; é o inverso do sistema anterior;

c) as que enumeram as competências das entidades federativas de forma exaustiva, cabendo à União os poderes residuais, tal como no México, Índia e Venezuela; vigora no Brasil para

---

[19] DALLARI. Lei estadual de concessões e legislação federal superveniente. *Revista Trimestral de Direito Público*, p. 68.

[20] "Não será objeto de deliberação a proposta de emenda tendente a abolir: I - a forma federativa de Estado" (CF, art. 60, §4º).

[21] Classificação com base em José Afonso da Silva (*Curso de direito constitucional positivo*, p. 478).

repartição de rendas tributárias, com competência residual para a União (artigos 145 a 162);
d) a dos poderes exclusivos e concorrentes, com existência de poderes compartilhados, os quais seriam exercidos tanto pela União quanto pelos Estados, como ocorre no Brasil e na República Federativa da Alemanha.[22]

Como esclarece Emerson Garcia:

> (...) o Estado federal é caracterizado pela existência de uma ordem constitucional comum a todos os Estados federados e por ordens constitucionais parciais, cujo âmbito de eficácia é restrito à esfera territorial de cada um deles. Nesse tipo de Estado — que pode ser perfeito (também denominado funcional ou por associação) ou imperfeito (por dissociação), conforme resulte da união de Estados soberanos (*v.g.*: o modelo americano) ou da divisão de um Estado unitário em parcelas menores, que, embora continuem unidas ao todo, passam a dispor de uma Constituição própria e de maior autonomia política (*v.g.*: os modelos brasileiro, belga e austríaco) — os poderes são exercidos, consoante a disciplina traçada na Constituição, pela Federação e pelos Estados federados.[23]

Interessante notar que, na organização federativa haverá um poder central e haverá poderes locais, próprios das unidades federadas, sem que se estabeleça uma relação de subordinação entre esses poderes.

Duas são as teorias destinadas a elucidar a divisão de competências entre os entes políticos, a teoria dos poderes implícitos e a teoria da predominância do interesse. A primeira, de origem norte-americana, determina que, se foi atribuído ônus a um ente federado, deve ser reservado, ao menos implicitamente, o respectivo bônus a fim de ser efetivado o dever imposto pela ordem constitucional. A segunda teoria, por sua vez, determina que os interesses nacionais são de competência da União, os regionais dos Estados-membros e os locais aos Municípios, ou seja, a teoria usa como parâmetro a amplitude do interesse em jogo.

Nesse sentido, ensina José Afonso da Silva:

---

[22] Daniel Elazar (The Role of Federalism in Political Integration. *In*: ELAZAR (Ed.). *Federalism and Political Integration*) apresenta uma tabela apontando 18 Estados independentes que adotam a forma federal, mas que possuem, cada qual, uma peculiaridade, razão pela qual não há um modelo único ou rígido de federalismo no mundo. Georges Vedel também apresenta inúmeros exemplos práticos a propósito de Estados federados muito diversos entre si (*Manuel élémentaire de droit constitutionnel*, p. 108).

[23] GARCIA. *Conflito entre normas constitucionais*: esboço de uma teoria geral, p. 503-504.

(...) o princípio geral que norteia a repartição de competência entre as entidades componentes do Estado Federal é o da predominância do interesse, segundo o qual à União caberão aquelas matérias e questões de predominante interesse geral, nacional, ao passo que aos Estados tocarão as matérias e assuntos de predominante interesse regional, e aos Municípios conhecerem os assuntos de interesse local, tendo a Constituição vigente desprezado o velho conceito do peculiar interesse local que não lograra conceituação satisfatória num século de vigência.[24]

1.7 Tipologias do federalismo

A doutrina costuma classificar o federalismo, quanto à separação das atribuições a cada ente federativo, em *integrativo, dual* e *cooperativo*.

O *federalismo integrativo* é marcado pela superioridade hierárquica da União Federal em relação aos Estados-membros.

No *federalismo dual*, exemplificado pelo modelo clássico adotado pelos EUA até a segunda década no século XX, ocorre uma separação bem delineada das competências de cada ente federativo.

O federalismo norte-americano adotou o paradigma de sistema de repartição dualista, com competências enumeradas e remanescentes, caracterizando o que a doutrina convencionou chamar de repartição horizontal. Outros Estados seguiram o modelo norte-americano e adotaram nas suas Constituições Federais a técnica de compartilhar competência, como a Constituição da Argentina, de 1853, do México, de 1917, e da Suíça, de 1874.

Com o decorrer do tempo, o federalismo dualista foi perdendo seu espaço para o que se convencionou chamar de federalismo cooperativo, que não dispõe de fronteiras claras na questão de distribuição de competência dentre os níveis autônomos de poder. O objetivo é a livre cooperação entre a União e as demais unidades federadas.

O federalismo de cooperação fez nascer a competência concorrente, com uma atuação coordenada dos entes federativos, incompatível com a repartição vertical de poderes.

No campo do Direito Constitucional positivo, embora textos anteriores, como o da referida Constituição Argentina de 1853, mencionassem competências concorrentes ou não privativas, é na Constituição alemã de Weimar de 1919 que já vamos encontrar regras disciplinadoras da forma pela qual agiriam concorrentemente União e Estados.

---

[24] Cf. SILVA. *Curso de direito constitucional positivo.*

O federalismo cooperativo ganhou espaço após a grande crise de 1929, no qual, ao contrário do federalismo dual, não se funda numa separação bem precisa das atribuições e competências de cada ente que compõe o pacto federativo.

Em 1891, com o advento da Constituição Republicana, o Brasil adotou, no texto magno, um *federalismo dual* (espelhado no nome "Estados Unidos do Brazil"), embora, na prática, o período tenha sido marcado pela excessiva utilização do instituto da intervenção federal nas "unidades autônomas".

O modelo dual foi logo substituído pelo *cooperativo* com a Constituição de 1934, que promoveu uma maior centralização do poder em favor da União, subsistindo até a atualidade. Como observa Celso Ribeiro Bastos sobre a Constituição de 1988:

> O Estado brasileiro na nova Constituição ganha níveis de centralização superiores à maioria dos Estados que se consideram unitários e que, pela via de uma descentralização por regiões ou por províncias, consegue um nível de transferência de competências tanto legislativas quanto de execução muito superior àquele alcançado pelo Estado brasileiro.[25]

Finalmente, quanto à sistematização das repartições das competências constitucionais, o federalismo pode ser classificado em *simétrico* ou *assimétrico*.

O primeiro é caracterizado pelo equilíbrio ou homogeneidade na repartição das competências aos entes federativos, o que se materializa, por exemplo, com a presença do poder legislativo federal bicameral, do poder judiciário dual e do poder constituinte decorrente.

Apesar da igualdade que se procura conferir aos entes regionais, componentes da Federação, não podemos deixar de relatar que as regiões de um mesmo Estado podem diferir em graus distintos de desenvolvimento econômico, social e cultural, dificultando a concretização das teorias federativas.

> No Estado federal cada ente recebe tarefas e recursos para a execução das mesmas. Quando ocorre o desequilíbrio entre as obrigações e os meios financeiros, chegamos ao que se convencionou chamar de crise de sobrecarga. Verificamos que uma das razões para o sucesso do federalismo é um balanceamento geográfico, do tamanho do Estado, da riqueza, da população. No Brasil há uma disparidade em relação a esses requisitos, com acentuada desigualdade. Surge aí a necessidade

---

[25] BASTOS. *Curso de direito constitucional*, p. 487.

de corrigir o defeito. A solução encontrada, não só entre nós, mas já preocupando outros países como a Suíça, Espanha, Estados Unidos, é a busca do equilíbrio, a cooperação, através de:

a) divisões regionais, por grupos de Estados;

b) divisão de tributos;

c) criação de incentivos fiscais ou outras modalidades e a redistribuição de receitas.

Todos estes meios devem merecer um controle adequado porque quem dá, quem contribui quer ver o recurso bem aplicado, quer uma forma de retorno que poderá ser apenas a solução de um grande problema ou uma recompensa e quem recebe deverá aceitar as condições. São fatores de manutenção da União. Estes arranjos são o que chamamos de federalismo assimétrico.[26]

O Brasil adota o modelo *simétrico*, fazendo expressivas concessões ao federalismo *assimétrico*.

As constituições federais, com exceção da Constituição Imperial de 1824, trataram do tema da repartição da competência com absoluta singularidade, sendo que o rol de competências deferidas à União sempre colocou em questionamento a descentralização do Estado federal brasileiro.

Daí porque Raul Machado Horta fala, no sistema federal brasileiro, em federalismo *centrípeto* e *centrífugo*, afirmando ainda que o ideal é o equilíbrio entre os dois extremos:

> (...) a repartição de competências, responsável pela definição constitucional do campo próprio de cada ordenamento, poderá acentuar a centralização, concentrando na Federação ou União a maior soma de poderes, ou conduzir à descentralização, reduzindo os poderes federais e ampliando os poderes estaduais, ou ainda, afastando-se das soluções extremas, dosar as competências federais e estaduais, de modo a instaurar na Constituição Federal o equilíbrio entre o ordenamento central e os ordenamentos parciais. No primeiro caso, a centralização de poderes configura o *federalismo centrípeto*; no segundo, a descentralização conduz ao *federalismo centrífugo*, e no terceiro, o equilíbrio na dosagem das atribuições conferidas aos ordenamentos implantará o federalismo de equilíbrio.[27]

---

[26] RAMOS. *O federalismo assimétrico*, p. 88.
[27] HORTA. Repartição de competências na Constituição Federal de 1988. *Revista Forense*, p. 55.

Capítulo 2

A Federação Brasileira

Sumário: 2.1 A partilha constitucional de competências – 2.2 Classificações das competências – 2.3 Competências expressas da União e dos Municípios – 2.4 Competências concorrentes – 2.5 Competências remanescentes dos Estados – 2.6 Competências do Distrito Federal

2.1 A partilha constitucional de competências

A Magna Carta de 1988 adotou um complexo sistema de partilha de competências aos entes políticos.

Em busca do equilíbrio federativo, enumerou os poderes da União (arts. 21 e 22), atribuiu poderes remanescentes aos Estados (art. 25, §1º), definiu de forma indicativa os poderes para os Municípios (art. 30), combinou a possibilidade de delegação (art. 22, parágrafo único) e áreas de atuação paralela (art. 23) ou condominial (art. 24).

Como acuradamente salienta a saudosa Lúcia Valle Figueiredo:

> (...) a federação brasileira, nos termos da Constituição de 1988, tem particularidade e anomalia que a diferencia do conceito lógico-jurídico de federação. A particularidade é — sem dúvida — a inclusão do Município na Federação. E a anomalia reside no fato de o Município não ter no Poder Central representatividade, vez que o sistema bicameral, a Câmara dos Deputados formada por representantes do povo, eleitos proporcionalmente em cada Estado, e o Senado Federal por representantes dos Estados e do Distrito Federal.[28]

---

[28] FIGUEIREDO. Discriminação constitucional das competências ambientais: aspectos pontuais do regime jurídico das licenças ambientais. *In*: FIGUEIREDO. *Direito público*: estudos, p. 453.

Portanto, uma das características fundamentais da federação brasileira, definida na CF, é a existência de três centros de poder político, sem relação de subordinação entre eles, mas sim com repartição constitucional de competências, embora, de longa data, já se tenha registrado a "superioridade de fato" da União em relação aos demais entes federados, diante da insuficiência financeira dos Estados e Municípios brasileiros. Miguel Reale foi pioneiro neste tema.[29]

2.2 Classificações das competências

A competência pode ser conceituada como poder atribuído pela CF aos entes políticos para que possam tomar suas decisões e concretizar suas atividades. O Direito, em particular, tem no poder a *energia social* (expressão de Bertrand Russell) que, difusa na sociedade e concentrada nas instituições, a move no sentido da vontade dos que a detém.[30]

Tratando da noção de competência, Tercio Sampaio Ferraz Júnior alude:

> Trata-se de uma forma de poder jurídico, isto é, de exercício impositivo de comportamentos e relação de autoridade regulado por normas. Estas normas, segundo Alf Ross (*Logica de las Normas*, 1968), são "normas de competência", em oposição a "normas de conduta". Ao estabelecer esta forma de poder jurídico, a norma de competência enuncia também (ou lhes alude) as condições necessárias para o exercício: as que delimitam qual o sujeito qualificado (competência pessoal), qual o procedimento (competência procedimental) e o alcance possível em face dos sujeitos passivos, sua situação e seu tema (competência material). Fora destes limites, os atos de exercício são nulos e a norma criada for força deles é inválida. As normas de competência que estatuem as chamadas competências públicas criam um poder heterônomo, isto é, cujo exercício é um *munus publicum* qualificado, não-transferível, podendo apenas e eventualmente ser delegado.[31]

Várias são as classificações possíveis quanto às competências constitucionais:

---

[29] REALE. *Nos quadrantes do direito positivo*: estudos e pareceres, p. 34.
[30] MOREIRA NETO. A competência legislativa e executiva do município em matéria ambiental: a nova organização federal e as atribuições do município na proteção, conservação e melhoria do meio ambiente. *Revista de Informação Legislativa*, p. 124.
[31] FERRAZ JÚNIOR. Normas gerais e competência concorrente: uma exegese do art. 24 da Constituição Federal. *Revista da Faculdade de Direito da Universidade de São Paulo*, v. 90, p. 247.

a) Quanto à finalidade:
   a.1) material ou administrativa:
      - exclusiva (art. 21);
      - comum (art. 23);
   a.2) legislativa:
      - exclusiva (art. 25, parágrafos 1º e 2º);
      - privativa (art. 22);
      - concorrente (art. 24);
      - suplementar (art. 24, §2º e 30, II).
b) Quanto à forma:
   b.1) enumerada ou expressa (artigos 21 e 22);
   b.2) reservada, remanescente ou residual (art. 25, §1º).
c) Quanto à extensão:
   c.1) exclusiva – atribuída a uma entidade com exclusão dos demais (art. 30, I);
   c.2) privativa – própria de uma entidade, com possibilidade de delegação (art. 22);
   c.3) comum, cumulativa ou paralela – garante a prática de atos de forma igual pelos entes, sem que o exercício da competência por um ente exclua a do outro;
   c.4) concorrente – a União traça normas gerais (art. 24);
   c.5) suplementar – para os Estados-membros, DF ou Municípios editarem normas suplementares às normas gerais da União (art. 24, §2º, e art. 30, II).
d) Quanto ao conteúdo: econômica, social, político-administrativa, financeira, tributária, ambiental, cultural, urbanística etc.
e) Quanto à origem:
   e.1) originária – desde o início é estabelecida em favor de uma entidade;
   e.2) delegada – quando a entidade recebe sua competência por delegação daquela que a tem originariamente.
f) Quanto à oportunidade:
   f.1) ordinária – exercida sem observância de prazo ou condição;
   f.2) extraordinária – exercida nos prazos e condições exigidos pela CF, como no estado de defesa (art. 136).

Sintetizando as competências constitucionais de cada ente da Federação, temos:

Ente	Competências
União	- poderes enumerados (artigos 21 e 22); - área comum de atuação administrativa paralela (art. 23); - área comum de atuação legislativa paralela (art. 24).
Estados	- poderes remanescentes (art. 25, §1º); - área comum de atuação administrativa paralela (art. 23); - área comum de atuação legislativa paralela (art. 24). * podem legislar ainda sobre questões específicas das matérias de competência privativa da União, mediante delegação por meio de LC (art. 22, parágrafo único).
Municípios	- poderes enumerados (art. 30); - área comum de atuação administrativa paralela (art. 23); - suplementar a legislação federal e estadual, no que couber (art. 30, II).
Distrito Federal	- em regra, Estados + Municípios (art. 32, §1º); - área comum de atuação administrativa paralela (art. 23) - área comum de atuação legislativa paralela (art. 24).

Explica Tercio Sampaio Ferraz Júnior:

(...) do ponto de vista da lógica jurídica, as normas podem ser, quanto à quantidade, *gerais, particulares* ou *individuais*. Esta distinção pode ser vista quanto aos destinatários ou quanto aos conteúdos da norma. Uma norma é geral, *quanto aos destinatários,* quando se aplica à universalidade deles, sem distinções. Melhor seria, neste caso, chamá-la de norma *universal.* A contrario sensu, ela será *particular* quando se destina a uma coletividade ou categoria de destinatários. Melhor se fala aqui em norma *especial.* Por fim, é *individual* a que se destina a um único endereçado. *Quanto aos conteúdos,* as normas são *gerais* quando a matéria prescrita se reporta a toda e qualquer ocorrência da espécie *(facti species,* fato gerador, hipótese de incidência). *Particular,* quando a matéria assinala apenas um grupo ou parte da espécie. Individual, ou melhor, *singular,* quando sua matéria delimita um único caso. Esquematicamente, temos:

Quanto ao *destinatário*:

- normas universais (todos);

- normas especiais (alguns);

- normas individuais (um único);

Quanto ao *conteúdo*:

- normas gerais (totalidade de casos);
- normas particulares (alguns casos);
- normas singulares (um único caso).[32]

2.3 Competências expressas da União e dos Municípios

Ainda que sumariamente, passaremos a demarcar as competências expressas da União e dos Municípios — sediadas nos artigos 21, 22 e 30 — pois, com isso, restará afastada a competência estadual, remanescente.

Quanto às competências da União, listadas no art. 21, incisos I (manter relações com Estados estrangeiros e participar de organizações internacionais); II (declarar a guerra e celebrar a paz); III (assegurar a defesa nacional); e IV (permitir, nos casos previstos em lei complementar, que forças estrangeiras transitem pelo território nacional ou nele permaneçam temporariamente), são inerentes à situação de soberania.

As medidas previstas no inciso V (decretar o estado de sítio, o estado de defesa e a intervenção federal), também não podem estar ligadas, pela própria natureza, quer a competência dos Estados — autônomos somente para gerir os interesses em seu território — quer aos Municípios — autônomos para gerenciamento dos interesses locais — nem muito menos ao Distrito Federal, em regra, com a soma das competências dos Estados e Municípios, à luz do disposto no art. 32, §1º, da CF.

O mesmo se diga das competências situadas nos incisos VI (autorizar e fiscalizar a produção e o comércio de material bélico); VII (emitir moeda); VIII (administrar as reservas cambiais do País e fiscalizar as operações de natureza financeira, especialmente as de crédito, câmbio e capitalização, bem como as de seguros e de previdência privada); X (manter o serviço postal e o correio aéreo nacional); XI (explorar, diretamente ou mediante autorização, concessão ou permissão, os serviços de telecomunicações, nos termos da lei, que disporá sobre a organização dos serviços, a criação de um órgão regulador e outros aspectos institucionais);[33] XII (explorar, diretamente ou mediante autorização, concessão ou permissão: a) os serviços de radiodifusão sonora, e de

---
[32] FERRAZ JÚNIOR. Normas gerais e competência concorrente: uma exegese do art. 24 da Constituição Federal. *Revista da Faculdade de Direito da Universidade de São Paulo*, p. 248-249.
[33] Redação dada pela Emenda Constitucional nº 8, de 15 ago. 1995.

sons e imagens;[34] b) os serviços e instalações de energia elétrica e o aproveitamento energético dos cursos de água, em articulação com os Estados onde se situam os potenciais hidroenergéticos; c) a navegação aérea, aeroespacial e a infraestrutura aeroportuária; d) os serviços de transporte ferroviário e aquaviário entre portos brasileiros e fronteiras nacionais, ou que transponham os limites de Estado ou Território; e) os serviços de transporte rodoviário interestadual e internacional de passageiros; f) os portos marítimos, fluviais e lacustres); XV (organizar e manter os serviços oficiais de estatística, geografia, geologia e cartografia de âmbito nacional); XVI (exercer a classificação, para efeito indicativo, de diversões públicas e de programas de rádio e televisão); XVII (conceder anistia); XVIII (planejar e promover a defesa permanente contra as calamidades públicas, especialmente as secas e as inundações); XIX (instituir sistema nacional de gerenciamento de recursos hídricos e definir critérios de outorga de direitos de seu uso); XXI (estabelecer princípios e diretrizes para o sistema nacional de viação); XXII (executar os serviços de polícia marítima, aeroportuária e de fronteiras);[35] XXIII (explorar os serviços e instalações nucleares de qualquer natureza e exercer monopólio estatal sobre a pesquisa, a lavra, o enriquecimento e reprocessamento, a industrialização e o comércio de minérios nucleares e seus derivados, atendidos os seguintes princípios e condições: a) toda atividade nuclear em território nacional somente será admitida para fins pacíficos e mediante aprovação do Congresso Nacional; b) sob regime de concessão ou permissão, é autorizada a utilização de radioisótopos para a pesquisa e usos medicinais, agrícolas, industriais e atividades análogas; c) a responsabilidade civil por danos nucleares independe da existência de culpa); XXIV (organizar, manter e executar a inspeção do trabalho); XXV (estabelecer as áreas e as condições para o exercício da atividade de garimpagem, em forma associativa).

No tocante aos incisos XIII (organizar e manter o Poder Judiciário, o Ministério Público e a Defensoria Pública do Distrito Federal e dos Territórios); e XIV (organizar e manter a polícia civil, a polícia militar e o corpo de bombeiros militar do Distrito Federal, bem como prestar assistência financeira ao Distrito Federal para a execução de serviços públicos, por meio de fundo próprio);[36] com fundamento na hipossuficiência financeira e econômica do Distrito Federal, ente político que dá suporte para Capital Federal, que é Brasília (§1º, art. 18, CF).

---

[34] Redação dada pela Emenda Constitucional nº 8, de 15 ago. 1995.
[35] Redação dada pela Emenda Constitucional nº 19, de 4 jun. 1998.
[36] Redação dada pela Emenda Constitucional nº 19, de 4 jun. 1998.

Cumpre assinalar, todavia, que os incisos IX (elaborar e executar planos nacionais e regionais de ordenação do território e de desenvolvimento econômico e social); e XX (instituir diretrizes para o desenvolvimento urbano, inclusive habitação, saneamento básico e transportes urbanos); demandam certa dificuldade porque acabam por imiscuir-se com as competências estaduais (planos regionais) e com competências municipais (art. 30, incisos I, II e VIII).

Com relação à competência legislativa privativa da União, a Constituição Federal reserva vinte e nove incisos do artigo 22, quais sejam: I (direito civil, comercial, penal, processual, eleitoral, agrário, marítimo, aeronáutico, espacial e do trabalho); II (desapropriação); III (requisições civis e militares, em caso de iminente perigo e em tempo de guerra); IV (águas, energia, informática, telecomunicações e radiodifusão); V (serviço postal); VI (sistema monetário e de medidas, títulos e garantias dos metais); VII (política de crédito, câmbio, seguros e transferência de valores); VIII (comércio exterior e interestadual); IX (diretrizes da política nacional de transportes); X (regime dos portos, navegação lacustre, fluvial, marítima, aérea e aeroespacial); XI (trânsito e transporte); XII (jazidas, minas, outros recursos minerais e metalurgia); XIII (nacionalidade, cidadania e naturalização); XIV (populações indígenas); XV (emigração e imigração, entrada, extradição e expulsão de estrangeiros); XVI (organização do sistema nacional de emprego e condições para o exercício de profissões); XVII (organização judiciária, do Ministério Público e da Defensoria Pública do Distrito Federal e dos Territórios, bem como organização administrativa destes); XVIII (sistema estatístico, sistema cartográfico e de geologia nacionais); XIX (sistemas de poupança, captação e garantia da poupança popular); XX (sistemas de consórcios e sorteios); XXI (normas gerais de organização, efetivos, material bélico, garantias, convocação e mobilização das polícias militares e corpos de bombeiros militares); XXII (competência da polícia federal e das polícias rodoviária e ferroviária federais); XXIII (seguridade social); XXIV (diretrizes e bases da educação nacional); XXV (registros públicos); XXVI (atividades nucleares de qualquer natureza); XXVII (normas gerais de licitação e contratação, em todas as modalidades, para as administrações públicas diretas, autárquicas e fundacionais da União, Estados, Distrito Federal e Municípios, obedecido o disposto no art. 37, XXI, e para as empresas públicas e sociedades de economia mista, nos termos do art. 173, §1º, III);[37] XXVIII

---

[37] Redação dada pela Emenda Constitucional nº 19, de 4 jun. 1998.

(defesa territorial, defesa aeroespacial, defesa marítima, defesa civil e mobilização nacional); e XXIX (propaganda comercial).

Sobrevêm, aqui, basicamente as mesmas razões expostas para as competências materiais da União expressas no art. 21 da Carta Constitucional.

No entanto, dois são os destaques que merecem ser apartados.

Em primeiro lugar, o parágrafo único do art. 22 prescreve que lei complementar (requisito formal) poderá autorizar os Estados a legislar sobre questões específicas (requisito material) das matérias relacionadas no dispositivo, ou seja, há possibilidade de delegação aos Estados-membros de ponto específico.

Difere, por conseguinte, a competência privativa para estabelecimento de normas gerais (art. 22, incisos XXI e XXVII) e as do art. 24, §1º (em que a competência da União, concorrente, limitar-se-á a estabelecer normas gerais), uma vez que naquelas, ao contrário destas, há possibilidade de delegação aos Estados de ponto específico mediante lei complementar.

Além disso, é digno de nota que nas matérias relativas a Direito Administrativo, Direito do Consumidor e Serviços Públicos, inexiste competência privativa da União. Ora, nesse sentido, lei estadual que condiciona o acesso direto de estabelecimentos comerciais, inclusive de supermercados, à rodovia estadual, ao cumprimento da proibição de vender ou servir bebidas alcoólicas, é perfeitamente constitucional, tal como já decidiu o Egrégio Supremo Tribunal Federal, já que a matéria é de Direito Administrativo (Recurso Extraordinário nº 183.882/SP).

Por fim, resta expor as competências do Município, insculpidas no art. 30 da Constituição Federal, que se caracterizam pelo princípio da predominância do interesse local, consubstanciando-se em: I (legislar sobre assuntos de interesse local); II (suplementar a legislação federal e a estadual no que couber); III (instituir e arrecadar os tributos de sua competência, bem como aplicar suas rendas, sem prejuízo da obrigatoriedade de prestar contas e publicar balancetes nos prazos fixados em lei); IV (criar, organizar e suprimir distritos, observada a legislação estadual); V (organizar e prestar, diretamente ou sob regime de concessão ou permissão, os serviços públicos de interesse local, incluído o de transporte coletivo, que tem caráter essencial); VI (manter, com a cooperação técnica e financeira da União e do Estado, programas de educação pré-escolar e de ensino fundamental); VII (prestar, com a cooperação técnica e financeira da União e do Estado, serviços de atendimento à saúde da população); VIII (promover, no que couber, adequado ordenamento territorial, mediante planejamento e controle do uso, do parcelamento e da ocupação do solo urbano); e IX (promover a proteção do patrimônio histórico-cultural local, observada a legislação e a ação fiscalizadora federal e estadual).

No tocante à competência legislativa dos Municípios, Carlos Ari Sundfeld assevera que "o conceito de *interesse local*, que define a competência dos Municípios, não é fechado, admitindo uma interpretação construtiva, a variar de acordo com o momento histórico e as características do Município envolvido". Esclarece ainda o ilustre professor que interesse local há que ser entendido como interesse *preponderantemente local*, uma vez que "tudo o que se passa no Estado reflete-se de algum modo na vida municipal" e a recíproca é verdadeira, pois "qualquer questão local produz reflexos, ainda que mínimos, no Estado ou no país".[38]

Ademais, o próprio art. 30 da Constituição da República elenca algumas matérias que devem necessariamente ser incluídas no conceito de interesse local, como as enumeradas nos incisos IV, V e VIII.

Quanto ao enquadramento do interesse local dependente das características básicas do Município em questão, salutar é a explanação de João Luiz Teixeira Neto:

> (...) as peculiaridades locais sobre as quais incide o poder de polícia e a prestação de serviço público (no sentido de oferecimento de utilidade ou comodidade material fruível diretamente pelos administrados) são diversificadas em função de múltiplos aspectos: localização geográfica, dimensão, população, tradição, fatores históricos e culturais, potencialidades, níveis de urbanização, características do solo e proximidade ou afastamento de centros polarizados. Embora diferenciados e variáveis os interesses municipais, poderíamos classificar os Municípios em três grupos: Municípios integrantes de áreas metropolitanas, Municípios de características rurais e Municípios urbanizados ou em acelerado processo de urbanização não constituídos em áreas metropolitanas. Com efeito e inobstante seja indeterminável o elenco de peculiaridades locais, é possível traçar alguns parâmetros que em grandes linhas agrupem as características básicas dos Municípios brasileiros, que possibilitem a verificação da intensidade da predominância de interesses. De conseguinte ela será menos intensa nos Municípios metropolitanos de vez que a ação estadual e federal será mais efetiva em tais Municípios; será de intensidade média nos Municípios rurais, face à competência da União para legislar sobre direito agrário e, por último, será mais intensa nos Municípios urbanizados ou em acelerado processo de urbanização, não constituídos em áreas metropolitanas.[39]

---

[38] SUNDFELD. Sistema constitucional das competências. *Revista Trimestral de Direito Público*, p. 272.
[39] TEIXEIRA NETO. O peculiar interesse municipal. *Revista de Direito Público*, p. 212.

2.4 Competências concorrentes

É no âmbito das competências concorrentes que reside o problema, cerne deste estudo.

Vale destacar que, no que tange as competências concorrentes, existem duas espécies:

a) as administrativas concorrentes, também denominada "comum", constante do art. 23 da Magna Carta, em que todos os entes políticos concorrem paralelamente; e

b) as legislativas concorrentes, inscritas no art. 24 do mesmo Texto, em que a concorrência condominial não abarca, em princípio, os Municípios.

São da primeira espécie as competências da União, dos Estados, do Distrito Federal e dos Municípios para:

I - zelar pela guarda da Constituição, das leis e das instituições democráticas e conservar o patrimônio público;

II - cuidar da saúde e assistência pública, da proteção e garantia das pessoas portadoras de deficiência;

III - proteger os documentos, as obras e outros bens de valor histórico, artístico e cultural, os monumentos, as paisagens naturais notáveis e os sítios arqueológicos;

IV - impedir a evasão, a destruição e a descaracterização de obras de arte e de outros bens de valor histórico, artístico ou cultural;

V - proporcionar os meios de acesso à cultura, à educação e à ciência;

VI - proteger o meio ambiente e combater a poluição em qualquer de suas formas;

VII - preservar as florestas, a fauna e a flora;

VIII - fomentar a produção agropecuária e organizar o abastecimento alimentar;

IX - promover programas de construção de moradias e a melhoria das condições habitacionais e de saneamento básico;

X - combater as causas da pobreza e os fatores de marginalização, promovendo a integração social dos setores desfavorecidos;

XI - registrar, acompanhar e fiscalizar as concessões de direitos de pesquisa e exploração de recursos hídricos e minerais em seus territórios; e

XII - estabelecer e implantar política de educação para a segurança do trânsito.

O parágrafo único dispõe que lei complementar fixará normas para a cooperação entre a União e os Estados, o Distrito Federal e os Municípios, tendo em vista o equilíbrio do desenvolvimento e do bem-estar em âmbito nacional.

Cabe o questionamento: se inexistente a lei complementar, ficariam inibidas as competências?

A resposta deve ser negativa, uma vez que as competências são deveres-poderes.

É que, como nos ensina o ilustre jurista Celso Antônio Bandeira de Mello, a Administração Pública exerce *função* (chamada administrativa);[40] e função só existe apenas quando alguém está sujeito ao dever de buscar, no interesse de outrem, o atendimento de certa finalidade e, para desincumbir-se de tal dever o sujeito de função necessita manipular poderes, sem os quais não teria como atender à finalidade que deve perseguir para a satisfação do interesse alheio.

Logo, ensina o referido mestre, os poderes são instrumentais — existem para servir ao dever de bem cumprir a finalidade a que estão incumbidos.

Donde, aquele que desempenha função tem *deveres-poderes*, nem mesmo sendo poderes-deveres porque o importante reside na ideia de dever — o poder se subordina ao cumprimento, no interesse alheio, de uma dada finalidade.

E a Administração Pública exerce função porque está atrelada ao cumprimento de certas finalidades, sendo-lhe obrigatório objetivá-las no interesse de outrem: o da coletividade.

Em conclusão: as competências do art. 23 da CF, que são administrativas, encerram um dever, que não pode ser inibido pela ausência da lei complementar de cooperação. No mesmo sentido é a lição de Heraldo Garcia Vitta:

> Entendemos não ser necessária a edição de lei complementar para a atuação conjunta das entidades políticas. O art. 23 tem eficácia plena, e não necessita de norma infraconstitucional para regulá-lo. A referida lei complementar, a nosso ver, viria apenas indicar a maneira pela qual se daria a cooperação entre as entidades; ainda sem ela, porém, possível se nos afigura a atuação conjunta dos entes políticos estatais, em quaisquer hipóteses, respeitados, apenas, os limites territoriais.[41]

---

[40] BANDEIRA DE MELLO. *Curso de direito administrativo*. 25. ed., p. 43.
[41] VITTA. Da definição e da divisão: no direito; da classificação das competências das pessoas políticas e o meio ambiente. *Revista Trimestral de Direito Público*, p. 199.

A segunda espécie de competência concorrente é aquela para legislar, inscrita no art. 24 da Carta Constitucional, que prescreve que compete à União, aos Estados e ao Distrito Federal legislar concorrentemente sobre:

I - direito tributário, financeiro, penitenciário, econômico e urbanístico;
II - orçamento;
III - juntas comerciais;
IV - custas dos serviços forenses;
V - produção e consumo;
VI - florestas, caça, pesca, fauna, conservação da natureza, defesa do solo e dos recursos naturais, proteção do meio ambiente e controle da poluição;
VII - proteção ao patrimônio histórico, cultural, artístico, turístico e paisagístico;
VIII - responsabilidade por dano ao meio ambiente, ao consumidor, a bens e direitos de valor artístico, estético, histórico, turístico e paisagístico;
IX - educação, cultura, ensino e desporto;
X - criação, funcionamento e processo do juizado de pequenas causas;
XI - procedimentos em matéria processual;
XII - previdência social, proteção e defesa da saúde;
XIII - assistência jurídica e Defensoria pública;
XIV - proteção e integração social das pessoas portadoras de deficiência;
XV - proteção à infância e à juventude; e
XVI - organização, garantias, direitos e deveres das polícias civis.

E os problemas de ordem interpretativa começam pelo *caput* do dispositivo, quando prescreve que "compete à União, aos Estados e ao Distrito Federal legislar concorrentemente (...)", a despeito da competência municipal, sobretudo em assuntos de interesse local, na esfera do direito administrativo, direito urbanístico e ambiental e outros correlatos (incisos I, VI, VII e VIII).

Todavia, o maior problema reside, sem sombra de dúvida, no disposto nos parágrafos 1º a 4º do art. 24:

Art. 24. (...)
§1º No âmbito da legislação concorrente, a competência da União limitar-se-á a estabelecer normas gerais.

§2º A competência da União para legislar sobre normas gerais não exclui a competência suplementar dos Estados.

§3º Inexistindo lei federal sobre normas gerais, os Estados exercerão a competência legislativa plena, para atender a suas peculiaridades.

§4º A superveniência de lei federal sobre normas gerais suspende a eficácia da lei estadual, no que lhe for contrário.

Ora, diante das normas transcritas, é de se concluir que a Constituição Federal admitiu que os Estados também possam legislar sobre normas gerais, embora suplementarmente (§2º).

E suplementar significa preenchimento de espaços, adicionamento, esclarecimento, aperfeiçoamento. Assim sendo, podemos concluir, ainda que provisoriamente, ao Estado-membro cabe o aperfeiçoamento regional das normas gerais estabelecidas pela União.

Além disso, na inexistência de normas gerais de âmbito nacional, o Estado deverá exercer a competência plena, para atendimento de suas peculiaridades (§3º).

Contudo, a superveniência de lei federal (na verdade, nacional) sobre normas gerais suspende a eficácia de lei estadual, no que esta for contrária àquela.

Ademais, aos municípios também cabe a suplementação da legislação federal e estadual, no que couber, ou seja, no que não exceda os limites dos procedimentos locais (art. 30, II, combinado com inciso I – legislação sobre assuntos de interesse local).

A extensão da competência municipal prevista no art. 30, II, CF, é mais complexa do que se possa imaginar. Carlos Ari Sundfeld ensina:

> (...) quando divide os poderes legislativos nos temas de competência concorrente, o artigo 24 não refere aos Municípios, mas apenas a União e aos Estados. Se tivesse sido intenção do Constituinte conferir poderes equivalentes a Estados e Municípios, teria referido ambos na mesma regra. Essa interpretação é comprovada pelo inciso XXVII do artigo 22, atribuindo *competência privativa* à União *para editar normas gerais* de licitação e contrato administrativo. O motivo da inclusão desse tema no artigo 22 (que confere competências privativas à União) e não no artigo 24 (que outorga competências concorrentes à União e Estados), conquanto se quisesse dar ao Congresso apenas o poder de edição de normas gerais – típico das competências concorrentes –, foi justamente permitir que, em relação a ele, os Municípios exercessem poderes equivalentes aos Estados, que não teriam em caso contrário. Assim,

sendo, as normas suplementares estaduais em tema de competência concorrente devem ser observadas, juntamente com as normas gerais nacionais, pelos Municípios.[42]

Questão interessante surge se houver omissão sucessiva dos legisladores federal e estadual em matéria de competência concorrente: o Município pode suprir a lacuna ou, ao contrário, fica inibido porque a competência prevista é apenas para suplementar a competência federal e estadual?

A resposta só pode ser no sentido positivo, ou seja, é perfeitamente possível que o Município preencha a lacuna até que a omissão seja suprida pelo legislador federal ou estadual, já que a Municipalidade não pode ficar inerte, até porque possui outras competências legislativas, notadamente quanto ao interesse local.[43]

Note-se que o §1º do art. 24 afirma que em matéria de competência legislativa concorrente a União *limitar-se-á* a estabelecer normas gerais. Ocorre que não é bem assim, uma vez que a interpretação literal do dispositivo leva a uma interpretação desastrosa, porque restaria impedida a União de legislar a respeito de normas específicas de seu interesse em matéria de direito ambiental, urbanístico, tributário, econômico, penitenciário, financeiro, orçamentário, educacional etc.[44]

Em síntese, Tercio Sampaio Ferraz Júnior explica:

(...) na legislação concorrente, a União possui competência limitada ao estabelecimento de normas gerais, os Estados e o Distrito Federal detém a competência residual para o estabelecimento de normas particulares, competência que lhes é prevista, e, em caso de lacuna — inexistência — de normas gerais, competência plena (normas gerais e particulares) com função colmatadora (isto é, estabelecimento de normas gerais apenas na medida em que estas sejam exigidas para a edição de normas particulares e, obviamente, válidas só no seu âmbito de autonomia). A superveniência de normas gerais federais, porém, torna ineficazes (mas não inválidas) as normas gerais estaduais com função colmatadora. A despeito das regras sobre a legislação concorrente, Estados e Distrito Federal, mas também os Municípios, mesmo estes, que dela não participam, têm ainda a competência suplementar, que os autoriza a estabelecer normas gerais não-concorrentes, mas decorrentes das

---

[42] SUNDFELD. Sistema constitucional das competências. *Revista Trimestral de Direito Público*, p. 277.
[43] Nesse sentido, cf. SUNDFELD. Sistema constitucional das competências. *Revista Trimestral de Direito Público*, p. 278.
[44] Nesse sentido, cf. VITTA. Da definição e da divisão: no direito; da classificação das competências das pessoas políticas e o meio ambiente. *Revista Trimestral de Direito Público*, p. 197.

normas gerais federais, por isso, aliás, esta competência só pode ser exercida em havendo normas gerais da União (não serve para preencher lacunas), devendo existir compatibilidade entre elas (gerais da União e dos Estados/DF) sob pena de invalidade (inconstitucionalidade).[45]

2.5 Competências remanescentes dos Estados

São reservadas aos Estados-membros as competências que não lhes sejam vedadas pela Constituição (§1º, art. 25).

Ora, em um modelo de repartição de competência, como a nossa, que as competências da União e dos Municípios são expressas e numerosas, pouco remanesce ao Estado.

Esse é o consentimento que prevalece entre os constitucionalistas, que também designam esta competência como residual.

Na verdade, o que resta aos Estados é competência sobre direito administrativo, aí podendo incluir-se a legislação sobre meio ambiente (art. 24, VI), a proteção do patrimônio histórico, cultural, paisagístico e controle de poluição (art. 24, VII), e a responsabilidade por dano ao meio ambiente, ao consumidor, a bens e direitos de valor artístico, estético, histórico, turístico e paisagístico (art. 24, VIII), desde que, é claro, não atinja o interesse local dos Municípios.

Afora isso, o Estado também tem poucas competências expressas, consistente em "explorar diretamente, ou mediante concessão, os serviços locais de gás canalizado, na forma da lei, vedada a edição de medida provisória para a sua regulamentação" (§2º, art. 25),[46] bem como "poderão, mediante lei complementar, instituir regiões metropolitanas, aglomerações urbanas e microrregiões, constituídas por agrupamentos de municípios limítrofes, para integrar a organização, o planejamento e a execução de funções públicas de interesse comum" (§3º, art. 25).

2.6 Competências do Distrito Federal

O art. 18, *caput*, dispõe que a organização político-administrativa da República Federativa do Brasil compreende a União, os Estados, o Distrito Federal e os Municípios, todos autônomos.

Reforçando a autonomia política do Distrito Federal, o art. 32, §1º da Carta Constitucional atribui ao Distrito Federal as competências legislativas reservadas aos Estados e Municípios.

---

[45] FERRAZ JÚNIOR. Normas gerais e competência concorrente: uma exegese do art. 24 da Constituição federal. *Revista da Faculdade de Direito da Universidade de São Paulo*, p. 251.

[46] Redação dada pela Emenda Constitucional nº 5, de 15 ago. 1995.

Existem, no entanto, exceções a essa regra, pois a CF/88 atribui à União competência para organizar e manter o Poder Judiciário, o Ministério Público e a Defensoria Pública do Distrito Federal e dos Territórios e organizar e manter a polícia civil, a polícia militar e o corpo de bombeiros militar do Distrito Federal[47] (art. 21, incisos XIII e XIV). Daí porque o constituinte atribuiu competência legislativa privativa à União para organização judiciária, do Ministério Público e da Defensoria Pública do Distrito Federal e dos Territórios, bem como organização administrativa destes (art. 22, XVII).

Enfim, é o DF um Município ou um Estado-membro?

Note-se que o art. 32, *caput*, CF, veda sua divisão em Municípios, porém determina que seja regido por lei orgânica, votada em dois turnos com interstício mínimo de dez dias, e aprovada por dois terços da Câmara Legislativa.

José Afonso da Silva entende que o Distrito Federal, atualmente, não é Estado nem Município, porém, de certa forma diminui-lhe o tamanho político-institucional, porque algumas funções pertencem à União, como o Poder Judiciário, a Defensoria Pública, a Polícia e o Ministério Público:

> Essas capacidades sofrem profundas limitações em questões fundamentais. Assim é que as capacidades de auto-organização e autogoverno não envolvem a organização e manutenção do Poder Judiciário, nem de Ministério Público, nem de Defensoria Pública, nem mesmo de política civil ou militar ou de corpo de bombeiros, que são organizados e mantidos pela União (art. 21, XIII e XIV) a quem cabe também legislar sobre a matéria. O governo do Distrito Federal não tem sequer a autonomia de utilização das polícias civil e militar e do corpo de bombeiros militar, porque só poderá fazê-lo nos limites e na forma de que dispuser a lei federal (art. 32, §4º). Nesse aspecto é que dissemos que a autonomia do Distrito Federal é tutelada. Nisso ele fica muito aquém dos Estados.[48]

Deste modo, André Ramos Tavares entende que é inadmissível que o Presidente do TJDFT possa investir-se no cargo de Governador do DF, ainda que provisoriamente, nas ausências do Vice-Governador e no impedimento do Presidente da Câmara Distrital, porque acarretaria violação à autonomia do ente político pois o desembargador é servidor

---

[47] "Lei federal disporá sobre a utilização, pelo Governo do Distrito Federal, das polícias civil e militar e do corpo de bombeiros militar" (art. 32, §4º, CF).
[48] Cf. SILVA. *Curso de direito constitucional positivo*.

público federal, bem como faltaria competência para lei orgânica do DF dispor sobre a matéria.[49]

A Lei Orgânica do Distrito Federal, de 8 jun. 1993, por sua vez, prescreve que são Poderes do Distrito Federal, independentes e harmônicos entre si, o Executivo e o Legislativo (art. 53), ou seja, acertadamente deixou de fora o Judiciário local porque é órgão da União.

O parágrafo único do art. 94 da mesma LODF, no entanto, adotou solução diversa:

> Art. 94. (...)
>
> Parágrafo único. Em caso de impedimento do Governador e do Vice-Governador do Distrito Federal, ou vacância dos respectivos cargos, no último ano do período governamental; serão sucessivamente chamados para o seu exercício, em caráter definitivo no caso de vacância, o Presidente da Câmara Legislativa, o Vice-Presidente da Câmara Legislativa e o Presidente do Tribunal de Justiça.[50]

Outro elemento importante a ser considerado é que a inclusão do Distrito Federal na federação brasileira foi adquirida antes da CF/88, com a EC nº 35/85, quando os eleitores passaram a eleger representantes para o Congresso Nacional. Em 1986 este direito básico da cidadania foi exercido pela primeira vez com a eleição dos primeiros deputados federais e senadores.

A Câmara Legislativa, porém, foi criada após intensa luta pela autonomia política do Distrito Federal, apenas com a CF/88. Somente em 1990, o DF teve seu primeiro governador eleito e também seus primeiros deputados distritais. A autonomia política tornou-se realidade em 1991, com a instalação da Câmara Legislativa.

Ademais, o STF já reconheceu, em diversas passagens, autonomia política do Distrito Federal, como, por exemplo, no Recurso Extraordinário 159.228/DF, da relatoria do Min. Celso de Mello (julgado em 23 ago. 1994 pela 1ª Turma). Tratava-se de Mandado de Segurança Coletivo impetrado por entidade sindical vinculada a Administração

---

[49] TAVARES. *Curso de direito constitucional*, p. 741.
[50] Esta hipótese não é meramente teórica, uma vez que o Presidente do TJDFT, Des. Nívio Gonçalves, ocupou interinamente o cargo de Governador do DF entre os dias 7 e 9 set. 2009, diante das ausências dos sucessores naturais, que estavam viajando para o exterior. A nosso ver, inexiste qualquer inconstitucionalidade na LODF ou impossibilidade jurídica do Presidente do TJDFT assumir o cargo de Governador do DF em função do princípio da simetria, que determina a adoção, *mutatis mutandis*, do sistema que a CF estabeleceu na esfera federal para os demais entes políticos. No caso, há analogia com o disposto no art. 80 da CF.

Direta do DF postulando reposição salarial prevista em lei federal. O tribunal reconheceu a autonomia constitucional do DF e, portanto, afastou a aplicação da lei federal aos servidores distritais, que depende de lei distrital própria.

Outro precedente interessante que resguardou a autonomia política do Distrito Federal foi o julgamento do Mandado de Segurança nº 24.423/DF, rel. Min. Gilmar Mendes (julgado em 10 set. 2008 pelo Pleno). O TCU realizou tomada de contas da empresa pública distrital Terracap (Companhia Imobiliária de Brasília) por suposta "grilagem" de terras, inclusive com decretação da indisponibilidade dos bens dos ex-dirigentes. A ordem foi deferida, à unanimidade, porque os ministros reconheceram que a decisão do TCU violou a autonomia do DF, decorrente do princípio federativo, e usurpou competência privativa da Câmara Legislativa Distrital e de sua Corte de Contas (TCDF).

O STF também já se pronunciou acerca da natureza jurídica complexa do Distrito Federal, fazendo às vezes de um Estado-Município. Foi a hipótese da Medida Cautelar na ADI nº 1.706/DF (Rel. Min. Nelson Jobim, julgado em 9 fev. 2000 pelo Pleno): a Lei distrital nº 1.713/97 criou prefeituras comunitárias nas quadras residenciais da Asa Sul e Asa Norte do Plano Piloto de Brasília, administradas por associações de moradores. A liminar foi, à época, deferida porque a lei fez criar prefeituras nas quadras com características de Municípios, uma vez que atribuía competência para arrecadar taxas de limpeza, organizar a coleta de lixo e determinar as áreas de estacionamento interno, enquanto a CF veda a municipalização do Distrito Federal.[51]

---

[51] Existe precedente do STF considerando lei distrital com natureza municipal (ADI-MC nº 2.560-1/DF, Rel. Min. Carlos Velloso, julgado em 28 jun. 2002).

Capítulo 3

As Normas Gerais

Sumário: 3.1 Introdução – 3.2 Antecedentes históricos – 3.3 Conceito e alcance – 3.4 Sistematização dos entendimentos doutrinários – 3.5 Principais efeitos

3.1 Introdução

A competência sobre "normas gerais" representa uma faixa de uma problemática maior da mesma natureza que a tributária — esfera cujas discussões sobre o tema são mais antigas — haja vista que muitas são as competências constitucionais que utilizaram dessa sistemática.

Por outras palavras, o conceito de "normas gerais" não é peculiar apenas ao Direito Tributário e as dificuldades hermenêuticas são comuns a outros ramos do Direito, ao menos no Direito Administrativo (em matéria de licitação, contratos e procedimentos administrativos), Direito Ambiental, Direito do Consumidor, Direito Econômico, Direito Educacional, Direito Financeiro e Orçamentário, Direito Penitenciário, Direito Urbanístico, Direito Previdenciário e em matéria de proteção à saúde.

Uma passagem pitoresca demonstra bem a dificuldade que o tema encerra.

Rubens Gomes de Sousa revelou que o então deputado federal Aliomar Baleeiro — que também foi tributarista e ministro do STF —, foi o responsável pela introdução da expressão no nível constitucional (através de emenda à CF/46), havia-lhe confessado que a expressão "normas gerais" não era dotada de qualquer sentido e que expressara um simples compromisso político, pois a sua ideia era atribuir competência privativa para União legislar em matéria tributária, como ocorre em Direito Penal ou Civil (e com isso seria evitada a guerra fiscal entre os Estados-membros que vivenciamos atualmente). No entanto, ele encontrou enorme resistência política, especialmente da bancada municipalista, que temia o fantasma da centralização legislativa. Diante do debate político, o próprio Baleeiro encontrou uma solução de consenso, que foi a de delimitar essa competência, que ele queria ampla e privativa, pelas normas gerais, expressão que, ao ser questionado quanto ao sentido, ele confessou que não tinha nenhuma, que nada mais fora do que um compromisso político, que lhe havia ocorrido e que tinha dado certo. Eis o relato do tributarista:

> Algo existe naquele livrinho "Andaimes da Constituição", em que ele confessa que sua primeira idéia, primeira e última, era atribuir à União competência para legislar sobre direito tributário, amplamente e sem a limitação contida no conceito de normas gerais, desde que esta legislação tivesse a feição de uma lei nacional, de preceitos endereçados ao legislador ordinário dos três poderes tributantes: União, Estados e Municípios. A única limitação, que ele próprio enxergava, era a de se tratar de preceitos comuns aos três legisladores. Afora isso, ele não via e não achava necessário delimitar, de outra maneira, a competência que queria fosse atribuída ao Legislador da União que já então ele concebia, neste setor e em outros paralelos, não como federal, mas sim como nacional. Entretanto, ele encontrou resistência política, de se esperar e muito forte, em nome da autonomia dos Estados e da autonomia dos Municípios, em nome de temores justificados ou não, de se abrir uma porta pela qual se introduzisse o fantasma da centralização legislativa. Falou-se nada menos do que na própria destruição do regime federativo, todos os exageros verbais, que o calor do debate político comporta e o próprio Aliomar Baleeiro encontrou uma solução de compromisso, que foi a de delimitar-se essa competência, que ele queria ampla, pelas normas gerais, expressão que, perguntado por mim quanto ao sentido que ele dava, no intuito de ter uma forma de interpretação autêntica, ele me confessou que não tinha nenhuma, que nada mais fora do que um compromisso político, que lhe havia ocorrido e que tinha dado certo. O importante era introduzir a idéia; a maneira de vestir a idéia, a sua roupagem era menos importante do que o seu recebimento no texto constitucional e o preço deste recebimento foi a expressão "normas gerais", delimitativa, sem dúvida, no âmbito da competência atribuída, mas em termos que nem ele próprio, Aliomar, elaborara ou raciocinara. Era o puro compromisso político.[52]

Ora, tais assertivas poderiam parecer absurdas, mas não nos surpreende. É que o legislador é acima de tudo um político e sua linguagem é, invariavelmente, imprecisa, insegura, vaga e ambígua. Cumpre, isto sim, ao cientista do direito revelar o conteúdo e alcance das normas jurídicas positivadas. E esse nosso difícil intento.

---

[52] SOUSA; ATALIBA; CARVALHO. *Comentários ao Código Tributário Nacional*: parte geral, p. 4-5.

Os dispositivos constitucionais que fazem menção à expressão "normas gerais" são os seguintes: artigos 22, XXI e XXVII, 24, 61, §1º, II, "d", 134, parágrafo único, 142, §1º, 146, III, Seção I do Capítulo II do Título VI, 163, 169, §7º, 204, I, 209, I, 236, §2º.

Daí porque, diante do sistema constitucional de repartições de competências, é imprescindível estabelecer a extensão do conceito de "normas gerais".

Como dito por Geraldo Ataliba, "a distinção necessária entre lei nacional e lei federal é da mais alta utilidade científica e absolutamente indispensável para a perfeita compreensão do sistema jurídico brasileiro", eis que "as normas gerais, como leis nacionais, são o mais importante instrumento de efetivação prática da harmonia entre as pessoas tributantes".[53]

3.2 Antecedentes históricos

A questão envolvendo a competência concorrente não apareceu apenas nas últimas Constituições Federais. Pode-se dizer que, dentro de um apanhado histórico, desde a Carta de 1934 temos antecedentes históricos importantes sobre o tema.

Com efeito, a Constituição da República dos Estados Unidos do Brasil, de 16/07/34, dispõe em seu art. 5º, XIX, competência privativa para a União legislar sobre: alínea "c" – normas fundamentais do direito rural, do regime penitenciário, da arbitragem comercial, da assistência social, da assistência judiciária e das estatísticas de interesse coletivo; alínea "i" – comércio exterior e interestadual, instituições de crédito; câmbio e transferência de valores para fora do País; normas gerais sobre o trabalho, a produção e o consumo, podendo estabelecer limitações exigidas pelo bem público.

O §3º deste mesmo art. 5º estabelece que a competência federal para legislar sobre as matérias dos números XIV (traçar as diretrizes da educação nacional) e XIX, alíneas "c" e "i", *in fine*, e sobre registros públicos, desapropriações, arbitragem comercial, juntas comerciais e respectivos processos; requisições civis e militares, radiocomunicação, emigração, imigração e caixas econômicas; riquezas do subsolo, mineração, metalurgia, águas, energia hidrelétrica, florestas, caça e pesca, e a sua exploração *não exclui a legislação estadual supletiva ou complementar*

---

[53] ATALIBA. Normas gerais de direito financeiro e tributário e autonomia dos Estados e municípios: limites à norma geral: Código Tributário Nacional. *Revista de Direito Público*, p. 51.

sobre as mesmas matérias. Afirma ainda o dispositivo que as leis estaduais, nestes casos, poderão, atendendo às peculiaridades locais, suprir as lacunas ou deficiências da legislação federal, sem dispensar as exigências desta.

Por fim, destaque para o art. 10, que estabelece competência concorrente entre a União e os Estados para:
I - velar na guarda da Constituição e das leis;
II - cuidar da saúde e assistência públicas;
III - proteger as belezas naturais e os monumentos de valor histórico ou artístico, podendo impedir a evasão de obras de arte;
IV - promover a colonização;
V - fiscalizar a aplicação das leis sociais;
VI - difundir a instrução pública em todos os seus graus;
VII - criar outros impostos, além dos que lhes são atribuídos privativamente.

Embora não conste que seja uma competência legislativa, algumas das hipóteses arroladas aparecerão em Constituições posteriores como competência legislativa concorrente (incisos III e VII).

Sobreveio a Constituição de 1937, conhecida como *polaca* em razão da cópia do modelo previsto na Constituição polonesa de 1935, oriunda do regime autoritário do general Pilsudski. Escrita por Francisco Campos, Ministro de Justiça de Getúlio Vargas, a Carta de 1937 exacerbou os poderes do Presidente da República e cerceou a autonomia dos Estados-membros, com a revogação de todas as Constituições estaduais do segundo período republicano. O regime do Estado Novo estabeleceu que as novas Constituições estaduais seriam outorgadas pelos governos estaduais, que eram exercidos por prepostos do governo central, porém a outorga ficou condicionada à realização de plebiscito previsto para aprovação da própria Constituição de 1937, o que jamais ocorreu, ficando os Estados-membros privados de auto-organização e governo próprio. Nesse sentido o art. 187 da CF/37 estabeleceu que "esta Constituição entrará em vigor na sua data e será submetida ao plebiscito nacional na forma regulada em decreto do Presidente da República".

As competências arroladas na Carta de 37 refletem bem o exagerado centralismo em nome da "defesa da paz, da segurança e do bem-estar do povo" (preâmbulo da Constituição):

Art. 16. Compete privativamente à União o poder de legislar sobre as seguintes matérias:

I - os limites dos Estados entre si, os do Distrito Federal e os do território nacional com as nações limítrofes;

II - a defesa externa, compreendidas a polícia e a segurança das fronteiras;

III - a naturalização, a entrada no território nacional e saída desse território, a imigração e emigração, os passaportes, a expulsão de estrangeiros do território nacional e proibição de permanência ou de estada no mesmo, a extradição;

IV - a produção e o comércio de armas, munições e explosivos;

V - o bem-estar, a ordem, a tranqüilidade e a segurança públicas, quando o exigir a necessidade de unia regulamentação uniforme;

VI - as finanças federais, as questões de moeda, de crédito, de bolsa e de banco;

VII - comércio exterior e interestadual, câmbio e transferência de valores para fora do País;

VIII - os monopólios ou estandardização de indústrias;

IX - os pesos e medidas, os modelos, o título e a garantia dos metais preciosos;

X - correios, telégrafos e radiocomunicação;

XI - as comunicações e os transportes por via férrea, via d'água, via aérea ou estradas de rodagem, desde que tenham caráter internacional ou interestadual;

XII - a navegação de cabotagem, só permitida esta, quanto a mercadorias, aos navios nacionais;

XIII - alfândegas e entrepostos; a polícia marítima, a portuária e a das vias fluviais;

XIV - os bens do domínio federal, minas, metalurgia, energia hidráulica, águas, florestas, caça e pesca e sua exploração;

XV - a unificação e estandardização dos estabelecimentos e instalações elétricas, bem como as medidas de segurança a serem adotadas nas indústrias de produção de energia elétrica, o regime das linhas para correntes de alta tensão, quando as mesmas transponham os limites de um Estado;

XVI - o direito civil, o direito comercial, o direito aéreo, o direito operário, o direito penal e o direito processual;

XVII - o regime de seguros e sua fiscalização;

XVIII - o regime dos teatros e cinematógrafos;

XIX - as cooperativas e instituições destinadas a recolher e a empregar a economia popular;

XX - direito de autor; imprensa; direito de associação, de reunião, de ir e vir; as questões de estado civil, inclusive o registro civil e as mudanças de nome;

XXI - os privilégios de invento, assim como a proteção dos modelos, marcas e outras designações de mercadorias;

XXII - divisão judiciária do Distrito Federal e dos Territórios;

XXIII - matéria eleitoral da União, dos Estados e dos Municípios;

XXIV - diretrizes de educação nacional;

XXV - anistia;

XXVI - organização, instrução, justiça e garantia das forças policiais dos Estados e sua utilização como reserva do Exército;

XXVII - normas fundamentais da defesa e proteção da saúde, especialmente da saúde da criança.

Art. 17. Nas matérias de competência exclusiva da União, *a lei poderá delegar aos Estados a faculdade de legislar, seja para regular a matéria, seja para suprir as lacunas da legislação federal, quando se trate de questão que interesse, de maneira predominante, a um ou alguns Estados. Nesse caso, a lei votada pela Assembléia estadual só entrará em vigor mediante aprovação do Governo federal.*

Art. 18. Independentemente de autorização, os Estados podem legislar, no caso de haver lei federal sobre a matéria, *para suprir-lhes as deficiências ou atender às peculiaridades locais, desde que não dispensem ou diminuam as exigências da lei federal, ou, em não havendo lei federal e até que esta regule,* sobre os seguintes assuntos:

a) riquezas do subsolo, mineração, metalurgia, águas, energia hidrelétrica, florestas, caça e pesca e sua exploração;

b) radiocomunicação; regime de eletricidade, salvo o disposto no nº XV do art. 16;

c) assistência pública, obras de higiene popular, casas de saúde, clínicas, estações de clima e fontes medicinais;

d) organizações públicas, com o fim de conciliação extrajudiciária dos litígios ou sua decisão arbitral;

e) medidas de polícia para proteção das plantas e dos rebanhos contra as moléstias ou agentes nocivos;

f) crédito agrícola, incluídas as cooperativas entre agricultores;

g) processo judicial ou extrajudicial.

Parágrafo único. Tanto nos casos deste artigo, como no do artigo anterior, desde que o Poder Legislativo federal ou o Presidente da República haja expedido *lei ou regulamento sobre a matéria, a lei estadual ter-se-á por derrogada nas partes em que for incompatível com a lei ou regulamento federal.* (grifos nossos)

Com o fim da II Guerra Mundial e a redemocratização do país em 1945, foi promulgada nova Constituição Federal dos Estados Unidos do Brasil em 18 set. 1946. Inspirada no texto da Carta de 34, a Constituição de 1946 foi uma das melhores que já tivemos, seja do ponto de vista técnico, seja do ponto de vista ideológico, pois promoveu uma abertura para o campo social. É de se espantar, nos dias atuais, a relativa estabilidade que gozou a referida CF entre 1946 e 1961 (data da renúncia do Presidente Jânio Quadros), pois sofreu apenas três emendas.

O art. 5º prescreveu competência à União e no inciso XV discriminou a competência para legislar sobre diversos temas, mas dentre eles, o art. 6º estabeleceu que a competência federal para legislar sobre as matérias das alíneas "b", "c", "d", "f", "h", "j", "l", "o" e "r", não exclui a legislação estadual supletiva ou complementar. Isto significa que havia competência legislativa concorrente entre a União e Estados sobre: b) normas gerais de direito financeiro; de seguro e previdência social; de defesa e proteção da saúde; e de regime penitenciário; c) produção e consumo; d) diretrizes e bases da educação nacional; f) organização, instrução, justiça e garantias das policias militares e condições gerais da sua utilização pelo Governo federal nos casos de mobilização ou de guerra; h) requisições civis e militares em tempo de guerra; j) tráfego interestadual; l) riquezas do subsolo, mineração, metalurgia, águas, energia elétrica, floresta, caça e pesca; o) emigração e imigração; e r) incorporação dos silvícolas à comunhão nacional.

Após o Golpe Militar de 1964 e a promulgação da Constituição de 1967, a federação foi mantida, porém com maior dilatação dos poderes da União, configurando um federalismo mais nominal do que real, com nítida transformação do autoritarismo presidencial em ditadura presidencial.

Assim, a competência legislativa concorrente entre a União e os Estados-membros apareceu em poucas matérias, por força do §2º do art. 8º, que dizia que a competência da União não exclui a dos Estados, respeitada a lei federal, para legislar supletivamente sobre as seguintes matérias:

1. Normas gerais de direito financeiro; de seguro e previdência social; de defesa e proteção da saúde; de regime penitenciário;
2. Produção e consumo;
3. Registros públicos e juntas comerciais;
4. Tráfego e trânsito nas vias terrestres;
5. Diretrizes e bases da educação nacional; normas gerais sobre desportos;
6. Organização, efetivos, instrução, justiça e garantias das polícias militares e condições gerais de sua convocação, inclusive mobilização (previstas, respectivamente, nas alíneas "c", "d", "e", "n", "q" e "v" do inciso XVII do art. 8º).

Descaracterizada pelos sucessivos atos institucionais, a Carta de 67 teve o texto unificado pela Emenda Constitucional nº 1, de 17 out. 1969, outorgada por uma junta militar. Note-se que a maioria dos doutrinadores não equipara a referida emenda a nova Constituição, pois apenas consolidou o texto de 1967 (Pontes de Miranda, Raul Machado Horta etc.). Em sentido contrário José Cretella Júnior, que prefere denominá-la de Carta Constitucional de 1969.[54]

Assim, ao menos no tocante à competência legislativa concorrente, poucas foram as modificações em relação ao texto original da Carta de 1967. Por força do parágrafo único do art. 8º, a competência da União não exclui a dos Estados, respeitada a lei federal, para legislar supletivamente sobre as seguintes matérias:

1. Normas gerais sobre orçamento, despesa e gestão patrimonial e financeira de natureza pública; taxa judiciária, custas e emolumentos remuneratórios dos serviços forenses, de registro públicos e notariais; de direito financeiro; de seguro e previdência social; de defesa e proteção da saúde; de regime penitenciário (redação dada pela EC nº 7/77);
2. Produção e consumo;
3. Registros públicos, juntas comerciais e tabelionatos (redação dada pela EC nº 7/77);
4. Tráfego e trânsito nas vias terrestres;
5. Diretrizes e bases da educação nacional; normas gerais sobre desportos;
6. Organização, efetivos, instrução, justiça e garantias das polícias militares e condições gerais de sua convocação, inclusive mobilização (previstas, respectivamente, nas alíneas "c", "d", "e", "n", "q" e "v", do inciso XVII do art. 8º).

3.3 Conceito e alcance

Em primeiro lugar, cabe a seguinte indagação inicial: o conceito de normas gerais admite, sem se desfigurar, um tratamento genérico, abrangente de todos os ramos do Direito ou, ao contrário, o tratamento deve ser feito em cada ramo jurídico de modo a atender às suas peculiaridades?

Sem embargo de respeitáveis opiniões em contrário, acreditamos que é perfeitamente possível — e também necessário — um

---

[54] CRETELLA JÚNIOR. *Comentários a Constituição Brasileira de 1988*, v. 1, p. 45.

tratamento genérico sobre o tema para, em seguida, apontar eventuais especificidades de cada ramo jurídico.

Por outro lado, cumpre frisar divergência na doutrina no tocante ao alcance das normas gerais.

Com efeito, analisando o tema, Alice Gonzalez Borges identifica uma *visão tricotômica*, pois salienta que é possível identificar três tipos de normas:

> a) *normas exclusivamente federais* – por aludirem que sua aplicação é restrita ao âmbito da União, bem como porque sendo extremamente detalhadas são normas concretas, de aplicação particularizada, cuja observância somente pode ser imposta à ordem federal;
> b) *normas cogentes em âmbito nacional* – por ter a União competência privativa de legislar sobre determinadas matérias;
> c) *normas gerais propriamente ditas* – são cogentes para as ordens locais e federal.[55]

Também apresenta uma visão tricotômica Diogo de Figueiredo Moreira Neto, que sustenta que há três graus de generalização normativa: generalíssimo (normas-princípios), geral (normas gerais) e subgeral (normas particularizantes). Esclarece referido autor quanto ao conceito e alcance das normas gerais:

> Surge logo a dificuldade de estabelecer um conceito apriorístico e uniforme de normas gerais, que sirva de chave ou de equação para selecionar, entre as numerosas preceituações que as matérias comportam, quais as que podem ser retidas, como "gerais", na competência superior da União. Pode-se dizer, por exemplo, em pleno âmbito das expressões imprecisas, que as normas gerais serão os lineamentos fundamentais da matéria, serão as estipulações que apenas darão estrutura, plano e orientação. Pode-se conceituar ainda, pelo efeito indireto e fracionário de negativas, que serão aquelas que não especificarão, que não aplicarão soluções optativas, que não concretizarão procedimentos, que não criarão direções e serviços, que não selecionarão e discriminarão atividades, que não preceituarão para a emergência, para a oportunidade, a modalidade especial e para o caso ocorrente, que não condicionarão a aplicabilidade e adaptabilidade, que não descerão a minúcias e requisitos. Mas em nada disto estará um conceito compacto, previdente e seletivo, que possa servir de critério único para decidir entre o que sejam normas gerais e o que sejam normas especiais ou específicas.[56]

---

[55] Cf. BORGES. *Normas gerais no estatuto de licitações e contratos administrativos.*
[56] MOREIRA NETO. Competência concorrente limitada: o problema da conceituação das normas gerais. *Revista de Informação Legislativa*, p. 143.

Geraldo Ataliba, por sua vez, seguido por Roque Carrazza, defende corrente *dicotômica*, ressaltando, porém, que o único ponto de contato entre as espécies é a origem comum (o legislador comum):

> a) *lei nacional* – veicula normas gerais, é produto legislativo do Estado federal, transcende à esfera de qualquer pessoa política;
>
> b) *lei federal* – vincula todo aparelho administrativo da União e todas as pessoas que a ela estejam subordinadas ou relacionadas.

Marçal Justen Filho, por sua vez, aponta com certeira precisão o alcance das normas gerais:

> A cláusula "normas gerais" retrata solução de compromisso entre soluções concentradas e difusas para regulação jurídica de um instituto. Busca-se assegurar, por um lado, a manutenção da competência legislativa da União, sem suprimir o poder de cada ente federativo para dispor sobre determinados ângulos da mesma matéria. Através de fórmula dessa ordem, evita-se proliferação de regras distintas no âmbito de cada entidade federativa. Mais precisamente, a intenção é propiciar o surgimento de conjunto uniforme de regras acerca dos temas essenciais e fundamentais do instituto. Os entes federativos podem produzir regras próprias apenas naquilo que não infringir essa espécie de núcleo irredutível produzido pela lei federal. Embora a dificuldade de uma abordagem exaustiva, pode-se concluir que a Lei consagra uma estrutura normativa fundamental que comporta complementação por parte das demais entidades políticas. A lei local poderá ir além do disposto nas "normas gerais"; mas não poderá substituir por outros os princípios e institutos consagrados como tal.[57]

No preciso resumo elaborado por Tercio Sampaio Ferraz Júnior:

> (...) a noção de norma geral não conhece, na doutrina, uma definição adequadamente operacional. Por ser, logicamente, termo correlativo, *geral* só se define em face do seu oposto e vice-versa. Levando-se em conta que generalidade, no caso das normas, pode ser um atributo ligado tanto ao número de destinatários quanto à matéria normativa, pode-se perceber que o assunto, na ordem constitucional, exige análise acurada.[58]

---

[57] JUSTEN FILHO. *Comentários à Lei de Licitações e contratos administrativos*, p. 17.
[58] FERRAZ JÚNIOR. Normas gerais e competência concorrente: uma exegese do art. 24 da Constituição federal. *Revista da Faculdade de Direito da Universidade de São Paulo*, p. 245.

3.4 Sistematização dos entendimentos doutrinários

Sintetizaremos, agora, o que a doutrina entende por normas gerais. São catorze entendimentos diversos, muitas vezes complementares uns dos outros. A cada ideia apresentada identificaremos, logo em seguida, os juristas que compartilham o mesmo entendimento.[59]

Donde, as normas gerais:
1. *São principiológicas, ou seja, estabelecem princípios, diretrizes, fundamentos, critérios básicos, linhas mestras* – Alice Gonzales Borges, Burdeau, Celso Antônio Bandeira de Mello, Diogo de Figueiredo Moreira Neto, Eros Roberto Grau, Francisco Cavalcante Pontes de Miranda, José Afonso da Silva, Hely Lopes Meirelles, Marco Aurélio Greco, Maunz, Ottmar Bühler, Paulo de Barros Carvalho, Roque Antonio Carrazza;
2. *São nacionais, aplicando-se indistinta e uniformemente em todo território nacional pelos entes públicos* – Adilson Abreu Dallari, Alice Gonzales Borges, Carlos Alberto Alves de Carvalho Pinto, Celso Antônio Bandeira de Mello, Diogo de Figueiredo Moreira Neto, Geraldo Ataliba, Hely Lopes Meirelles, José Souto Maior Borges, Paulo de Barros Carvalho;
3. *Devem ser regras uniformes para todas as situações homogêneas* – Adilson Abreu Dallari, Carlos Alberto Alves de Carvalho Pinto, Pinto Falcão;
4. *Visam prevenir conflitos de atribuições entre as entidades locais, nos assuntos de competência concorrente das ordens federadas* – Alice Gonzales Borges, Diogo de Figueiredo Moreira Neto, Geraldo Ataliba, Hely Lopes Meirelles;
5. *Só cabem quando preencham lacunas constitucionais ou disponham sobre áreas de conflitos* – Geraldo Ataliba, Paulo de Barros Carvalho, Roque Antonio Carrazza;
6. *Visam uniformizar o essencial sem cercear o acidental* – Alice Gonzales Borges, Carlos Alberto Alves de Carvalho Pinto, Diogo de Figueiredo Moreira Neto;
7. *Devem referir-se a questões fundamentais* – Adilson Abreu Dallari, Francisco Cavalcante Pontes de Miranda;
8. *São limitativas na medida em que limitam, como princípios, a União, os Estados, os Municípios, o DF e os particulares* – Diogo de Figueiredo Moreira Neto;

---

[59] Partimos do rol elencado por Diogo de Figueiredo Moreira Neto no texto citado e acrescentamos outros entendimentos e doutrinadores.

9. *São limitadas, no sentido de não poderem violar a autonomia dos Estados, DF e Municípios* – Adilson Abreu Dallari, Francisco Cavalcante Pontes de Miranda, Lúcia Valle Figueiredo, Manoel Gonçalves Ferreira Filho, Paulo de Barros Carvalho;

10. *Sempre que existir a previsão de norma geral existe competência estadual sobre a matéria* – Marco Aurélio Greco;

11. *Não podem representar instrumentos de regulação da atividade de uma pessoa pública por outra também pública* – Geraldo Ataliba;

12. *Não são normas de aplicação direta* – Burdeau, Cláudio Pacheco;

13. *São as que cuidam de determinada matéria de maneira ampla* – Adilson Abreu Dallari;

14. *Estabelecem diretrizes sobre o cumprimento dos princípios constitucionais expressos e implícitos* – Lúcia Valle Figueiredo.

Como se pode perceber, "é muito difícil dizer o que é norma geral. Parece ser mais fácil chegar à norma geral pelo caminho inverso, dizendo o que não é norma geral", conforme acuradamente salienta o professor Adilson Abreu Dallari.[60]

Assim sendo, não são normas gerais, nos dizeres do ex-governador do Estado de São Paulo, Carlos Alberto Alves de Carvalho Pinto:

> 1) as que visem, particularizadamente, determinadas situações ou institutos jurídicos, com exclusão de outros, da mesma condição ou espécie;
>
> 2) as que objetivem especialmente uma ou algumas dentre as várias pessoas congêneres de direito público, participantes de determinadas relações jurídicas;
>
> 3) as que se afastem dos aspectos fundamentais ou básicos, descendo a pormenores ou detalhes.[61]

Diante do emaranhado de ideias, surge, nitidamente, um elemento comum a ser destacados nessas afirmações: a ideia inegável de que há um sentido limitativo nas normas gerais.

Por outras palavras, a norma geral deve ser entendida como um *conceito-limite* ou *comando-limite* (para usar a linguagem de Diogo de Figueiredo Moreira Neto), ou seja, é aquela que permite que a legislação

---

[60] DALLARI. *Aspectos jurídicos da licitação*, p. 20.
[61] CARVALHO PINTO. *Normas gerais de direito financeiro*: interpretação da letra "b", inciso XV do artigo 5 da Constituição Federal, procedida a proposito dos trabalhos da III Conferência de Técnicos em Contabilidade Pública e Assuntos Fazendários, a se realizar na Capital Federal em agosto de 1949, p. 41.

concorrente estadual, distrital ou municipal (particularizadora) opte, escolha, minudencie e determine o que lhe parecer mais adequado para o atendimento de seu interesse no âmbito discricionário de sua competência específica. Interessante, ainda, é arrolar a sistematização deste autor:

> Quanto às normas gerais, destacamos:
> 1. declaram um valor juridicamente protegido;
> 2. conformam um padrão vinculatório para a norma particularizante;
> 3. vedam o legislador e o aplicador de agirem em contrariedade ao valor nelas declarado, e, além distintamente dos princípios:
> 4. aplicam-se concreta e diretamente às relações e situações específicas no âmbito de competência administrativa federal;
> 5. aplicam-se concreta e diretamente às relações e situações específicas no âmbito de competência administrativa estadual (ou municipal), sempre que o Estado-Membro (ou Município) não haja exercido sua competência concorrente particularizante;
> 6. aplicam-se concreta e diretamente às relações e situações específicas no âmbito de competência administrativa estadual (ou municipal), sempre que o Estado-Membro (ou Município) haja exercido sua competência concorrente particularizante em contrariedade ao valor nelas declarado.[62]

A professora Lúcia Valle Figueiredo pouco discorda deste entendimento:

> As normas gerais, para nós, possuem características diferenciadas das normas, com hierarquia normativa inibitória ao legislador ordinário, se estadual ou municipal, de disporem de forma diferente. E as matérias, que devam ser objeto de normas gerais, não podem ser legisladas por outros entes políticos, a não ser, nas hipóteses constitucionais de suplementação (art. 24, §2º da Constituição).
>
> Concordamos, pois, com o autor quando se refere a um terceiro gênero normativo. Em termos da pirâmide kelseniana, poderíamos ter: a Constituição, as normas gerais (quando constitucionalmente couberem), as normas (gerais no sentido comum kelseniano) e as normas individuais. Hipóteses há, todavia, em que a pirâmide kelseniana conservar-se-á, em face do ordenamento jurídico brasileiro, como concebida pelo seu idealizador, tal seja, Constituição, normas gerais e individuais.

---

[62] MOREIRA NETO. Competência concorrente limitada: o problema da conceituação das normas gerais. *Revista de Informação Legislativa*, v. 25, n. 100, p. 155-156.

Assim, podemos chegar à seguinte sistematização no que tange às normas gerais e, em especial, as que resultam de competências administrativas:

a) disciplinam, de forma homogênea, para as pessoas políticas federativas, nas matérias constitucionalmente permitidas, para garantia da segurança e certeza jurídicas;

b) não podem ter conteúdo particularizante que afete a autonomia dos entes federados, assim não podem dispor de maneira a ofender o conteúdo da federação, tal seja, não podem se imiscuir em assuntos que devam ser tratados exclusivamente pelos Estados e Municípios;

c) estabelecem diretrizes sobre o cumprimento dos princípios constitucionais expressos e implícitos.[63]

O Ministro do STF Eros Roberto Grau também aprofunda o tema abordado:

(...) as normas gerais: (I) constituiriam regras que conferem concreções a princípios que Canotilho denomina de políticos constitucionalmente conformadores, inobstante as normas gerais também vinculem princípios e princípios que sejam também vinculados por normas que não se pode qualificar como normas gerais; (II) consubstanciam a ordem de condutas uniformes visando a prevenir conflitos entre as entidades da federação e ou então os que nela estejam situados; (III) suprem lacunas constitucionais e (IV) no Brasil respeitam as matérias enunciadas no art. 22 da Constituição de 88, todas elas são, no Brasil, normas nacionais/ normas gerais.[64]

São muitos os significados que a doutrina aponta para as normas gerais, porém, três deles parecem ser consensuais:

a) fixam princípios, critérios básicos, diretrizes, fundamentos;

b) não podem exaurir o assunto;

c) podem ser aplicados uniformemente em todo o país, pois não produzem desigualdades regionais.

3.5 Principais efeitos

Estabelecido o alcance, apenas, das normas gerais, não se resolve o problema, porque persiste a dificuldade de se saber o que são as normais

---

[63] FIGUEIREDO. Discriminação constitucional das competências ambientais: aspectos pontuais do regime jurídico das licenças ambientais. *In*: FIGUEIREDO. *Direito público*: estudos, p. 463.
[64] GRAU. *Licitação e contrato administrativo*: estudo sobre a interpretação da lei, p. 12.

gerais e quais seus limites, ante a diversidade de posicionamentos doutrinários.

Não se pode olvidar, no entanto, que as normas gerais dirigem-se aos legisladores e intérpretes como normas de sobre direito.

Concordamos, pois, com os professores Diogo de Figueiredo Moreira Neto e Lúcia Valle Figueiredo, quando se referem a um terceiro gênero normativo. Em termos da pirâmide kelseniana, temos a Constituição, as normas gerais (quando couberem), as normas (gerais no sentido comum kelseniano) e as normas individuais. Aliás, esta última aduz:

> Assim sendo, verificamos que as normas gerais têm como principais efeitos: 1. a legislação homogênea geral, não particularizante para as pessoas políticas; 2. o cumprimento, ainda, dos princípios constitucionais expressos e implícitos; 3. o coarctamento da legislação dos entes federativos no que deve ser preservado homogeneamente, para se obter segurança e certeza jurídicas.
>
> As normas gerais serão constitucionais se e na medida que não invadam a autonomia dos entes federativos, com particularizações indevidas.[65]

Conforme bem apontado pelo Ministro Carlos Velloso, a norma geral traz uma moldura do quadro a ser pintado pelos Estados, DF e Municípios (ADI-MC nº 927/RS). E é Raul Machado Horta quem explora melhor essa metáfora, pois afirma:

> (...) a lei de normas gerais deve ser uma lei quadro, uma moldura legislativa. A lei estadual suplementar introduzirá a lei de normas gerais no ordenamento do Estado, mediante o preenchimento dos claros deixados pela lei de normas gerais, de forma a aperfeiçoá-la às peculiaridades locais. É manifesta a importância desse tipo de legislação em federação continental, como a brasileira, marcada pela diferenciação entre grandes e pequenos Estados, entre Estados industriais em fase de alto desenvolvimento e Estados agrários e de incipiente desenvolvimento industrial, entre Estados exportadores e Estados consumidores.[66]

A par disso, interessante o enquadramento do problema feito por Tercio Sampaio Ferraz Júnior:

---

[65] FIGUEIREDO. Discriminação constitucional das competências ambientais: aspectos pontuais do regime jurídico das licenças ambientais. *In*: FIGUEIREDO. *Direito público*: estudos, p. 463.
[66] HORTA. Repartição de competências na Constituição Federal de 1988. *Revista Forense*, p. 65.

No fundo, porém, deste problema técnico está, por último, uma opção ideológica entre uma concepção mais liberal clássica e outra mais liberal centralizadora. Qualquer defesa que se faça do papel das normas gerais tributárias para a segurança jurídica — e nós não deixamos de sublinhar sua importância — não pode esquecer esta opção. O assunto tem, pois, uma relevância que ultrapassa a querela formalista, pois segurança jurídica, como se viu, é também um assunto de natureza política. Neste sentido quer-nos parecer que, dentro da realidade brasileira atual a qual, de um lado, sofre as conseqüências dos personalismos e individualismos próprios de sua cultura, de outro, as tentações de um autoritarismo tutelar que mal se disfarça, a necessidade e a importância das normas gerais tributárias para a segurança jurídica devem, *prima facie*, ser sublinhadas. Eliminá-las é um risco muito grande, que nos obrigaria a acreditar numa ordem espontânea, capaz de, por si só, responder às exigências da justiça, o que, certamente, não é de se aceitar, sobretudo se olharmos nossa tradição.[67]

Vale a pena ainda transcrever o posicionamento de José Joaquim Calmon de Passos:

Tentando precisar ainda mais o entendimento que se deve dar à expressão normas gerais na espécie, eu me socorreria de um princípio fundamental ao Estado de Direito Democrático, qual seja o princípio da liberdade: vale dizer, tudo é permitido ao homem para dar expressão a sua liberdade, salvo aquilo que a lei proíbe ou impõe. Em que pese sua abrangência, liberdade, são admitidas as chamadas normas dispositivas. Elas não violentam o princípio da liberdade, visto como somente incidem no silêncio dos interessados, como forma de eliminar a disfuncionalidade que resultaria da falta dessa manifestação. Pois bem, o princípio federativo institucionalizado na CF de 88 da prioridade do específico e peculiar da situação local, havendo a omissão da entidade federativa interessada, supre-se com a incidência da norma geral federal. Destarte, pode-se concluir que a incidência da norma geral federal é impositiva quando ausente qualquer peculiaridade em nível estadual ou municipal, entendendo-se como tal a falta de exercício pelo Estado ou Município das competências que lhes foram deferidas.[68]

---

[67] FERRAZ JÚNIOR. Segurança jurídica e normas gerais tributárias. *Revista de Direito Tributário*, p. 53.
[68] PASSOS. Meio ambiente e urbanismo: compreendendo, hoje, o Código Florestal de ontem. *Revista Magister de Direito Ambiental e Urbanístico*, p. 41.

Capítulo 4

A Jurisprudência do STF sobre Normas Gerais

Sumário: 4.1 Introdução – 4.2 Normas gerais em matéria de Direito Administrativo – 4.2.1 Conceito e objeto – 4.2.2 Competência exclusiva e concorrente – 4.2.3 Normas gerais e Anteprojeto de Lei Orgânica da Administração Pública – 4.2.4 Normas gerais, Copa do Mundo e Jogos Olímpicos – 4.2.5 Análise da jurisprudência – 4.3 Normas gerais em matéria de Direito Urbanístico – 4.3.1 Urbanismo, urbanização e urbanificação – 4.3.2 Conceito e objeto – 4.3.3 Análise da jurisprudência – 4.4 Normas gerais em matéria de Direito Ambiental – 4.4.1 Conceito e objeto – 4.4.2 Competências – 4.4.3 Análise da jurisprudência – 4.5 Normas gerais em matéria de Direito Educacional – 4.5.1 Conceito e objeto – 4.5.2 Competências – 4.5.3 Análise da jurisprudência – 4.6 Normas gerais em matéria de Direito Tributário – 4.6.1 Breve histórico – 4.6.2 Conceito e objeto – 4.6.3 Doutrinas sobre normas gerais de direito tributário – 4.6.4 O CTN e as normas gerais em matéria de legislação tributária – 4.6.5 Análise da jurisprudência – 4.7 Normas gerais em matéria de Direito Financeiro e Orçamentário – 4.7.1 Conceito e objeto – 4.7.2 Análise da jurisprudência – 4.8 Normas gerais em matéria de Direito Econômico – 4.8.1 Conceito e objeto – 4.8.2 Análise da jurisprudência – 4.9 Normas gerais em matéria de Direito do Consumidor – 4.9.1 Conceito e objeto – 4.9.2 Análise da jurisprudência – 4.10 Normas gerais em matéria de Direito Sanitário – 4.10.1 Conceito e objeto – 4.10.2 Análise da jurisprudência – 4.11 Normas gerais em matéria de Direito Previdenciário – 4.11.1 Conceito e objeto – 4.11.2 Análise da jurisprudência – 4.12 Normas gerais em matéria de Direito Penitenciário – 4.12.1 Conceito e objeto – 4.12.2 Análise da jurisprudência

4.1 Introdução

Buscando preservar a unidade da Federação, a CF/88 atribuiu ao Supremo Tribunal Federal a competência para processar e julgar, originariamente, "as causas e os conflitos entre a União e os Estados, a União e o Distrito Federal, ou entre uns e outros, inclusive as respectivas entidades da administração indireta" (art. 102, I, "f").

A análise criteriosa da jurisprudência dos tribunais superiores, especialmente do Supremo Tribunal Federal, demonstra, claramente, tendência centralizadora, isto é, há uma vertente histórica em tutelar mais a União nos conflitos de competência com os outros entes federados.

O constitucionalista André Ramos Tavares enquadrou o problema nos seguintes termos:

> Como se sabe, no Brasil, os poderes remanescentes, ou seja, não atribuídos a nenhuma outra entidade federativa, pertencem aos estados-membros. Além disso, há competências expressamente apresentadas como concorrentes (art. 24). Contudo, em face do extenso rol de competências atribuídas à União, nas matérias de maior relevo, pode-se admitir ter ocorrido uma certa centralização pela Carta de 1988.
>
> Também é bastante conhecida a guinada histórica que foi produzida por decisões da Corte Suprema dos Estados Unidos da América do Norte, quanto ao modelo federativo do país. Desde o caso *McCulloch vs. Maryland* reconhece-se ao Governo Federal poderes implícitos (*Marshall*), confrontando com uma concepção rígida de poderes enumerados para a União. Foi com o *New Deal* que as políticas estatais entraram em desacordo com o federalismo dual da Constituição de 1787, tendo a Corte Suprema passado a rever seus posicionamentos acerca da matéria a partir da década de 30.
>
> Essa ocorrência bem ilustra a importância da Justiça Constitucional, no caso, desempenhada por uma Corte Suprema (como no Brasil), na indicação e manutenção do modelo federativo adotado. Mais ainda, deve-se reconhecer, no caso, a presença de uma das funções fundamentais desenvolvidas pelos denominados tribunais constitucionais. Trata-se daquilo que denominei "função arbitral" (Teoria da Justiça Constitucional), que se ocupa da superação de atrito que surja entre entidades constitucionais, levando a cabo uma idéia de mediador dos "conflitos constitucionais" (Enterría). Especificamente, tem-se o que costuma ser reconhecido pela doutrina como um tribunal da federação, que solucionará, dentre outros, os conflitos normativos entre entidades territoriais autônomas.
>
> A determinação dos exatos limites de atuação de cada entidade federativa na confecção de normas jurídicas parece não poder ser estabelecida exaustivamente dentre de um modelo abstrato de partilha de competências. Em outras palavras, a riqueza da realidade concreta exige uma atuação constante, por parte da Justiça Constitucional, nesse setor.[69]

---

[69] TAVARES. As competências legislativas e o STF. *Carta Forense*.

É certo que, embora adotada a forma de Estado federativa, há uma nítida tendência centralizadora na CF/88, que não só concentrou muitas competências legislativas nas mãos da União, mas também competências materiais administrativas e atribuições arrecadatórias muito superiores em comparação com os Estados-membros e Municípios.

Da mesma forma, é fácil perceber que a Carta das Competências também utilizou de conceitos abertos, que demandam uma posterior integração por parte do STF, enquanto último intérprete e guardião das normas constitucionais.

Karl Engisch ensina que nos conceitos jurídicos indeterminados temos um *núcleo conceitual* e um *halo conceitual*.[70] Sempre que temos uma noção clara do conteúdo e da extensão de um conceito, estamos no domínio do núcleo conceitual; onde as dúvidas começam, começa o halo do conceito.

Nesse sentido, Celso Antônio Bandeira de Mello esclarece que uma palavra é um signo e um signo supõe um significado. Mesmo os conceitos vagos, fluidos ou imprecisos tem algum conteúdo mínimo indiscutível, pois tem uma zona de certeza positiva — dentro do qual ninguém duvidaria do cabimento da aplicação do significado da palavra — e uma zona de certeza negativa — dentro do qual ninguém duvidaria do descabimento da referida aplicação; as dúvidas, por conseguinte, tem cabimento no intervalo entre ambas zonas (zona circundante).

Tomemos como exemplo o signo *urgência*, um dos requisitos constitucionais pela edição de medidas provisórias (ao lado da *relevância* – art. 62, CF): em caso de ocorrência de uma calamidade pública, estamos diante de uma zona de certeza positiva; entretanto, para criação de um novo prazo processual, com modificação da legislação já existente (o CPC, por exemplo), estamos em uma zona de certeza negativa (é evidente que inexiste urgência); porém, entre os casos em que é evidente a existência da urgência e aqueles em que não há nenhuma urgência, estamos em uma zona cinzenta, em que a avaliação subjetiva do intérprete é inevitável.

Mas isso não significa que a apreciação é livre, que a valoração é arbitrária. Ao contrário, os limites legais e supralegais da decisão pessoal estão moldados pelas regras teleológicas e axiológicas,[71] que na verdade

---

[70] Cf. ENGISCH. *Introdução ao pensamento jurídico*. (Direito dos juristas. Conceitos jurídicos indeterminados, conceitos normativos, poder discricionário, cap. VI), p. 11-20, 205-274.

[71] "(...) uma consideração de direito cega aos valores é inadmissível" (RADBRUCH). Gustav Radbruch (1878-1949) foi político, jurista e professor da Universidade de Heidelberg, Alemanha. Integrou a corrente de filósofos do jusnaturalismo, foi afastado da cátedra por incompatibilidade de suas ideias com o regime nazista e só retorno à atividade docente após a II Guerra Mundial.

não podem determinar exatamente a decisão material, mas em todo o caso lhe dão um quadro lógico de suporte.

Dito de outra forma: concordamos com Engisch quando sustenta que no exercício da discricionariedade podem surgir várias alternativas de escolha, cada uma delas pode ser *"fungível"* ou *"defensável"*, em vista da grande ambiguidade que permanece dentro do "espaço de jogo".

Desta forma, a crítica cabível à tendência centralizadora das escolhas feitas pelo STF em conflitos de competência entre os entes políticos é que isso não atende a um dos princípios básicos abarcados na CF: a ideia de federação, que deveria ser o vetor interpretativo maior destas decisões.

Basta um exemplo prático emblemático: a jurisprudência do STF em matéria de trânsito e transporte, com nítida densidade normativa rarefeita, atribuída privativamente à União (art. 22, inciso XI). No entanto, é competência comum da União, dos Estados, do Distrito Federal e dos Municípios *estabelecer* e implantar política de educação para a segurança do trânsito (art. 23, XII, CF), o que, inevitavelmente abarca competência legislativa, eis que não é só para implantar a política de segurança no trânsito, como também para estabelecê-la.

Na ADI nº 3.196/ES (julgada em 21 ago. 2008), ficou decidido que a competência enunciativa do art. 22, XI, da CF/88, atribuiu à União a competência para dispor inclusive sobre o pagamento parcelado de multas decorrentes das infrações de trânsito, embora a ligação entre a forma de pagamento de obrigações e a disciplina do trânsito seja frágil, nota-se aqui uma tendência centralizadora da jurisprudência. A mesmíssima coisa aconteceu com o julgamento da ADI nº 3.444/RS, julgada em 16 nov. 2005.

De forma semelhante ocorreu nos julgamentos das ADI nº 3.186/DF (16 nov. 2005), nº 2.796/DF (16 nov. 2005) e nº 2.718/RS (em 6 abr. 2005). O primeiro caso tratou do prazo para a vigência da aplicação de multas a veículos (isso se enquadraria em trânsito e transporte?!); o segundo julgamento analisou a apreensão de veículos de motoristas flagrados em estado de embriaguez (não seria segurança no trânsito?); e o último quanto ao disciplinamento da colocação de barreiras eletrônicas para aferir a velocidade de veículos (não seria matéria afeta ao Direito Administrativo?).

Por sua vez, na ADI nº 2.802/RS (julgada em 9 out. 2003) e na ADI nº 2.328/SP (julgada em 17 mar. 2004), ambas sobre requisitos específicos para validade da notificação da multa de trânsito em radar eletrônico, foi considerado que o Estado-membro não dispõe de competência legislativa na matéria. Mas cabe o questionamento: não seria matéria de procedimento administrativo por tratar de requisitos de validade de um ato administrativo, enquadrada na hipótese do art. 24, XI, CF (procedimentos em matéria processual)?

Na ADI nº 3.055/PR (julgada em 24 nov. 2005) ficou estabelecida a incompetência do Estado-membro para editar lei que torna obrigatório a qualquer veículo automotor transitar permanentemente com os faróis acesos nas rodovias estaduais do Paraná, impondo a pena de multa aos que descumprirem o preceito legal, porque a questão diz respeito ao trânsito (não seria segurança do trânsito?).

Sempre com base no mesmo dispositivo constitucional (art. 22, XI), na ADI nº 3.254/ES (16 nov. 2005) o STF entendeu ser igualmente da União a competência para proibir a comercialização de veículos tidos como sucata (sinistradas com laudo de perda total) ou para restringir o desmonte de veículos, posto que seria "tema indissociavelmente ligado ao trânsito e a sua segurança" (conforme consta na ementa do acórdão), embora segurança do trânsito fosse de competência comum dos entes federados (art. 23, XII).

Ainda, nessa linha, firmou-se a competência na União para dispor sobre a obrigatoriedade do uso do cinto de segurança em veículo de transporte coletivo de passageiros (ADI-MC nº 874/BA, 19 maio 1993), inclusive afastando-se eventual competência suplementar dos municípios nessa matéria (com base no art. 30, inciso II, CF), conforme decidido no RE nº 227.384/SP (julgado em 17 jun. 2002), cuja ementa vale a pena transcrever:

> EMENTA: Recurso extraordinário. – A competência para legislar sobre trânsito é exclusiva da União, conforme jurisprudência reiterada desta Corte (ADI 1.032, ADIMC 1.704, ADI 532, ADI 2.101 e ADI 2.064), assim como é a competência para dispor sobre a obrigatoriedade do uso de cinto de segurança (ADIMC 874). – Ora, em se tratando de competência privativa da União, e competência essa que não pode ser exercida pelos Estados se não houver lei complementar — que não existe — que o autorize a legislar sobre questões específicas dessa matéria (artigo 22 da Constituição), não há como pretender-se que a competência suplementar dos Municípios prevista no inciso II do artigo 30, com base na expressão vaga aí constante "no que couber", se possa exercitar para a suplementação dessa legislação da competência privativa da União.
> – Ademais, legislação municipal, como ocorre, no caso, que obriga o uso de cinto de segurança e proíbe transporte de menores de 10 anos no banco dianteiro dos veículos com o estabelecimento de multa em favor do município, não só não diz respeito, obviamente, a assunto de interesse local para pretender-se que se enquadre na competência legislativa municipal prevista no inciso I do artigo 30 da Carta Magna,

nem se pode apoiar, como decidido na ADIMEC 874, na competência comum contemplada no inciso XII do artigo 23 da Constituição, não estando ainda prevista na competência concorrente dos Estados (artigo 24 da Carta Magna), para se sustentar que, nesse caso, caberia a competência suplementar dos Municípios. Recurso extraordinário não conhecido, declarando-se a inconstitucionalidade da Lei 11.659, de 4 de novembro de 1994, do Município de São Paulo. RE nº 22.7384/SP - São Paulo. Recurso Extraordinário. Relator(a): Min. Moreira Alves. Julgamento: 17.6.2002. Órgão Julgador: Tribunal Pleno.

Na ADI nº 2.928/SP (julgada em 9 mar. 2005) ficou estabelecida a competência federal, em detrimento da estadual, para autorizar veículos particulares e de aluguel a estacionarem em locais indevidos para a aquisição urgente de medicamentos ou atendimento grave e a Suprema Corte entendeu que isso não se enquadra em segurança do trânsito ou até mesmo em matéria de Direito Urbanístico.

Esses são apenas alguns dos inúmeros exemplos que poderiam ser citados.

Cabe destaque, ainda, para ADI nº 2.374/ES, julgada em 6 out. 2004 pelo Pleno do STF. A lei estadual criou obrigatoriedade da cobrança das multas de trânsito somente após recebimento de notificação pela ECT. Nesta ocasião, a maioria dos ministros votou no sentido de que a lei referida não era inconstitucional porque não tratava de trânsito e transporte, mas sim de processo administrativo, dando máxima efetividade ao princípio constitucional do direito de defesa (art. 5º, LV), ou seja, o STF ao menos considerou a enorme distância entre a matéria de trânsito e transporte com a notificação da multa de trânsito, o que já é um alento.

O tema de trânsito e transporte foi escolhido para análise jurisprudencial porque afeta a vida diária de milhões de pessoas, já que as decisões mencionadas determinam os limites da atuação dos legislativos de cada uma das esferas federativas.

Por fim, sobressai o julgamento da ADI nº 3.080/SC, ocorrido em 2 ago. 2004, pelo Tribunal Pleno do STF que, embora tratasse de competência para legislar sobre serviço postal, faz um elenco de precedentes em diversas matérias, o que, ao menos inconscientemente, demonstra o pensamento anti-federalista da Excelsa Corte:

> Ementa: Ação Direta de Inconstitucionalidade. Lei nº 11.561/2000, do Estado de Santa Catarina. Arts. 21, X, e 22, V, da Constituição Federal. Competência privativa da União para legislar sobre serviço postal. 1. É pacífico o entendimento deste Supremo Tribunal quanto à inconstitucionalidade de normas estaduais que tenham como objeto matérias

de competência legislativa privativa da União. Precedentes: ADIs nº 2.815, Sepúlveda Pertence (*propaganda comercial*), nº 2.796-MC, Gilmar Mendes (*trânsito*), nº 1.918, Maurício Corrêa (*propriedade e intervenção no domínio econômico*), nº 1.704, Carlos Velloso (*trânsito*), nº 953, Ellen Gracie (*relações de trabalho*), nº 2.336, Nelson Jobim (*direito processual*), nº 2.064, Maurício Corrêa (*trânsito*) e nº 329, Ellen Gracie (*atividades nucleares*). 2. O serviço postal está no rol das matérias cuja normatização é de competência privativa da União (CF, art. 22, V). É a União, ainda, por força do art. 21, X da Constituição, o ente da Federação responsável pela manutenção desta modalidade de serviço público. 3. Ação direta de inconstitucionalidade julgada procedente.

4.2 Normas gerais em matéria de Direito Administrativo

4.2.1 Conceito e objeto

Conforme conceituado pelo renomado Celso Antônio Bandeira de Mello, "direito administrativo é o ramo do direito público que disciplina a função administrativa, bem como pessoas e órgãos que a exercem". Possui como objeto, portanto, o conjunto de normas (regras e princípios) compreendidas na função administrativa, que, por sua vez, é a "função que o Estado, ou quem lhe faça as vezes, exerce na intimidade de uma estrutura e regime hierárquico e que no sistema constitucional brasileiro se caracteriza pelo fato de ser desempenhada mediante comportamentos infralegais ou, excepcionalmente, infraconstitucionais, submissos todos a controle de legalidade pelo Poder Judiciário".[72]

Nesse sentido, o saudoso professor Diogenes Gasparini esclarece:

> (...) o Direito Administrativo é um sistema de normas de Direito (conjunto harmônico de princípios jurídicos), não de ação social. Daí seu caráter científico. Suas normas destinam-se a ordenar a estrutura e o pessoal (órgãos e agentes) e os atos e atividades da Administração Pública, praticados ou desempenhados enquanto poder público. Excluem-se, portanto, os atos materiais e os regidos pelo Direito Privado. Ademais, o Direito Administrativo não se preordena a reger as atividades abstratas (legislação), indiretas (jurisdição) e mediatas (ação social) do Estado. Por último não lhe compete dizer quais são os fins do Estado. A fixação desses fins é atribuição de outras ciências.[73]

---

[72] BANDEIRA DE MELLO. *Curso de direito administrativo*. 25. ed., p. 36-37.
[73] GASPARINI. *Direito administrativo*, p. 5-6.

O objeto do Direito Administrativo é, portanto, a função administrativa, onde quer que ela se encontre, seja como função típica do Poder Executivo, seja como função atípica dos outros dois Poderes, Judiciário e Legislativo.

4.2.2 Competência exclusiva e concorrente

Fixados conceito e objeto de Direito Administrativo, convém lembrar que a competência legislativa na matéria é, em regra, exclusiva de cada ente federado (atribuída a uma entidade com exclusão dos demais), que possui autonomia para efetivar sua organização político-administrativa, conforme prescreve art. 18, *caput*, CF.

Existem, no entanto, várias exceções a essa regra, que podem ser divididas em duas hipóteses distintas:

a) *competência legislativa privativa da União*, ou seja, matérias em que apenas a União cria lei em matéria de Direito Administrativo:

a.1) desapropriação;

a.2) requisições civis e militares, em caso de iminente perigo e em tempo de guerra;

a.3) águas, energia, informática, telecomunicações e radiodifusão;

a.4) serviço postal;

a.5) sistema monetário e de medidas, títulos e garantias dos metais;

a.6) política de crédito, câmbio, seguros e transferência de valores (administrativo-monetário);

a.7) comércio exterior e interestadual;

a.8) diretrizes da política nacional de transportes (administrativo-urbanístico);

a.9) regime dos portos, navegação lacustre, fluvial, marítima, aérea e aeroespacial;

a.10) trânsito e transporte;

a.11) jazidas, minas, outros recursos minerais e metalurgia (administrativo-minerário);

a.12) nacionalidade, cidadania e naturalização;

a.13) populações indígenas;

a.14) emigração e imigração, entrada, extradição e expulsão de estrangeiros;

a.15) organização do sistema nacional de emprego e condições para o exercício de profissões;

a.16) organização judiciária, do Ministério Público e da Defensoria Pública do Distrito Federal e dos Territórios, bem como organização administrativa destes;

a.17) sistema estatístico, sistema cartográfico e de geologia nacionais;

a.18) sistemas de poupança, captação e garantia da poupança popular (administrativo-monetário);

a.19) sistemas de consórcios e sorteios (administrativo-monetário);

a.20) competência da polícia federal e das polícias rodoviária e ferroviária federais;

a.21) seguridade social;

a.22) diretrizes e bases da educação nacional;

a.23) registros públicos;

a.24) atividades nucleares de qualquer natureza;

a.25) defesa territorial, defesa aeroespacial, defesa marítima, defesa civil e mobilização nacional (art. 22, em diversos incisos).[74]

b) *competência legislativa concorrente entre a União, Estados, DF e Municípios* (este, ao menos na primeira situação): licitações e contratos administrativos (art. 22, XXVII) e procedimentos em matéria processual (art. 24, XI, CF):

Art. 22. Compete privativamente à União legislar sobre: (...)

XXVII - normas gerais de licitação e contratação, em todas as modalidades, para as administrações públicas diretas, autárquicas e fundacionais da União, Estados, Distrito Federal e Municípios, obedecido o disposto no art. 37, XXI, e para as empresas públicas e sociedades de economia mista, nos termos do art. 173, §1º, III; (*Redação dada pela Emenda Constitucional nº 19, de 1998*)

Art. 24. Compete à União, aos Estados e ao Distrito Federal legislar concorrentemente sobre: (...)

XI - procedimentos em matéria processual.

Note-se que o ambiente normativo próprio do disposto no art. 21, XXVII da CF é aquele proclamado no art. 24 da Lei Maior, isto é, competência concorrente, em que a União faz normas gerais e, obedecidas estas normas, cada ente federado, inclusive a própria União, legisla

---

[74] Classificação de acordo com José Afonso da Silva (*Curso de direito constitucional positivo*, p. 502).

suplementarmente, elaborando normas específicas. E a razão pela qual tal norma não foi inserida no art. 24 é muito simples, a ausência do Município no *caput* do dispositivo, enquanto a Municipalidade aparece no art. 21, XXVII, ou seja, o legislador constituinte quis deixar claro que o Município possui competência para editar sua própria lei de licitações e contratos.

Marçal Justen Filho indica três passos a serem considerados na interpretação da fórmula "normas gerais" em matéria de licitações e contratos administrativos:[75]

a) *primeiro passo: reserva de competência local* – a União não pode pretender exaurir o assunto, sem reservar espaço legislativo para os outros entes federados, razão pela qual alguns doutrinadores apontam a inconstitucionalidade do disposto nos artigos 1º e 118 da Lei nº 8.666/93,[76] como, por exemplo, Maria Sylvia Zanella Di Pietro, para quem "a inconstitucionalidade do artigo 1º da Lei nº 8.666/93 é manifesta, porque nada deixa para que Estados e Municípios legislarem em matéria de licitação e contrato administrativo".[77] Lúcia Valle Figueiredo, no entanto, não vislumbra a referida inconstitucionalidade dos dispositivos "desde que se interprete como aplicação obrigatória apenas as normas gerais e não todas as disposições da Lei".[78]

b) *segundo passo: ressalva ao princípio federativo* – "adotar estrutura federativa acarreta decorrência inafastável. (...) Seria inconcebível que a Constituição tivesse consagrado inúmeras regras e princípios acerca da Federação e, simultaneamente, outorgasse à União competência para estruturar o funcionamento dos outros entes federais. (...) Portanto, o conceito de norma geral não é sobreponível ao de Federação.

---

[75] JUSTEN FILHO. *Comentários à Lei de Licitações e contratos administrativos*, p. 18-20.

[76] "Art. 1º Esta Lei estabelece normas gerais sobre licitações e contratos administrativos pertinentes a obras, serviços, inclusive de publicidade, compras, alienações e locações no âmbito dos Poderes da União, dos Estados, do Distrito Federal e dos Municípios. Parágrafo único. Subordinam-se ao regime desta Lei, além dos órgãos da administração direta, os fundos especiais, as autarquias, as fundações públicas, as empresas públicas, as sociedades de economia mista e demais entidades controladas direta ou indiretamente pela União, Estados, Distrito Federal e Municípios. (...)
Art. 118. Os Estados, o Distrito Federal, os Municípios e as entidades da administração indireta deverão adaptar suas normas sobre licitações e contratos ao disposto nesta Lei."

[77] DI PIETRO. *Direito administrativo*, p. 302.

[78] FIGUEIREDO. Competências administrativas dos Estados e municípios. *In*: FIGUEIREDO. *Direito público*: estudos, p. 82. Note-se que no julgamento da ADI-MC nº 927-3/RS, o STF considerou constitucionais os artigos 1º e 118 da Lei Geral de Licitações.

Em termos ainda mais diretos: norma geral não é instrumento de restrição da autonomia federativa. (...) *Daí se extrai que todas as regras acerca de organização, funcionamento e competências dos organismos administrativos não se incluem no âmbito de normas gerais.* A lei federal disciplina o procedimento administrativo e as competências, mas não institui órgãos nem interfere sobre os assuntos de peculiar interesse local";[79] portanto, não são normas gerais as normas particularizadas que estabelecem condições específicas para licitar ou contratar, que arrolam os casos de dispensa e inexigibilidade, que regulam registros cadastrais, que assinalam com minúcia o *iter* e o regime procedimental, os recursos cabíveis, os prazos em geral, os documentos exigíveis aos licitantes para habilitação, as que preestabelecem cláusulas obrigatórias de contratos, que dispõem até sobre encargos administrativos da administração contratante no acompanhamento da execução da vença, que regulem penalidades administrativas, inclusive quanto aos tipos e casos em que cabem.[80]

c) *terceiro passo: a fórmula "todas as modalidades"* – o que significa que o conceito de norma geral foi ampliado para abarcar todas as modalidades de licitações e contratações administrativas, razão pela qual era absolutamente inconstitucional a MP nº 2.182-18, de 23 ago. 2001, que regulava a modalidade licitatória "pregão" apenas para a Administração Pública federal; ocorre, porém, que, em 2002, referida MP foi convertida na Lei nº 10.520, que estendeu o pregão para todos os entes políticos; além disso, cabe destaque para a ADI-MC nº 1.668/DF, julgada em 20 ago 1998 pelo Plenário do STF, em que se discutiu a constitucionalidade de diversas normas da Lei Geral de Telecomunicações, Lei nº 9.472/97, e a liminar foi deferida para suspender a aplicabilidade das expressões "simplificado" e "nos termos por ela regulados" do art. 119, que permitia a Agência Nacional de Telecomunicações outorgar permissão de serviços de telecomunicações desde que precedida de procedimento licitatório simplificado, instaurado pela Agência, nos termos por ela regulados.

---

[79] JUSTEN FILHO. *Comentários à Lei de Licitações e contratos administrativos*, p. 19-20. Grifos nossos.
[80] *Vide* BANDEIRA DE MELLO. Licitações: inaplicabilidade da nova regulação sobre licitações a estados e municípios e inconstitucionalidade radical do Decreto-lei 2.300/86. *Revista de Direito Público*, p. 16-28, que ainda tratava da lei de licitações anterior à Lei nº 8.666/93.

O professor Celso Antônio Bandeira de Mello também esclarece quanto às normas gerais de licitação e contratos administrativos como sendo aquelas que veiculam apenas:

> a) preceitos que estabelecem os princípios, os fundamentos, as diretrizes, os critérios básicos, conformadores das leis que necessariamente terão de sucedê-las para completar a regência da matéria. Isto é: daquel'outras que produzirão a ulterior disciplina específica e suficiente, ou seja, indispensável, para regular o assunto que foi objeto de normas apenas "gerais". Segue-se que não serão categorizáveis como disposições veiculadoras de normas gerais as que exaurem o assunto nelas versado, dispensando regramento sucessivo. É claro, entretanto, que o dispositivo que formula princípios ou simples critérios não perde o caráter de norma geral pelo fato de esgotar os princípios ou critérios aplicáveis, visto que nem uns, nem outros, trazem consigo exaustão da disciplina da matéria à qual se aplicam;
>
> b) preceitos que podem ser aplicados uniformemente em todo o País, por se adscreverem a aspectos nacionalmente indiferençados, de tal sorte que repercutem com neutralidade, indiferentemente, em quaisquer de suas regiões ou localidades. Segue-se que não serão normas gerais aquelas que produzem conseqüências díspares nas diversas áreas sobre as quais se aplicam, acarretando, em certas áreas, por força de condições, peculiaridades ou características próprias da região ou do local, repercussão gravosa sobre outros bens jurídicos igualmente confortados pelo Direito.[81]

Onde estão essas normas gerais sobre licitação e contração?
Estão espalhadas por diversas leis, tais como:
a) Lei Geral das Licitações e Contrações da Administração Pública (Lei nº 8.666/93);
b) Lei do Pregão (Lei nº 10.520/2002);
c) leis que tratam das concessões e permissões de serviços públicos, tanto na modalidade *comuns* (Lei nº 8.987/95 e Lei nº 9.074/95) como *especiais* (Lei nº 11.079/2004 – Parcerias público-privadas);
d) lei que disciplina os consórcios públicos (Lei nº 11.107/2005);
e) recente lei que disciplina as licitações e contratações pela Administração Pública de serviços de publicidade prestados por intermédio de agências de propaganda (Lei nº 12.232, de 29 abr. 2010);

---

[81] BANDEIRA DE MELLO. *Curso de direito administrativo*. 25. ed., p. 521-522.

e) Medida Provisória que flexibiliza os procedimentos da Lei Geral das Licitações ao criar um regime específico para a aquisição de bens e a contratação de obras e serviços, inclusive de engenharia e na infraestrutura aeroportuária, visando a Olimpíada de 2016 e a Copa do Mundo de 2014 (MP nº 489, de 12 maio 2010).

Ocorre que, ao contrário da Lei das PPP federais, em que o legislador ao menos teve o cuidado de tentar separar as normas nacionais daqueles meramente federais, aplicáveis apenas à Administração Pública federal (Capítulo VI, Disposições aplicáveis à União) — o que não resolve totalmente o problema, mas já traz uma enorme contribuição à separação das normas gerais das específicas —, as demais leis referidas, notadamente a Lei nº 8.666/93, não trouxeram nenhuma seção, capítulo ou disposição arrolando as normas gerais.

A rigor, o certo seria a União, com base no art. 22, inciso XXVII, da Constituição Federal, que lhe permite editar as normas gerais, instituir uma lei dizendo quais são as normas gerais sobre licitação e contrato, reservando para outra oportunidade a edição de lei federal sobre o tema. Ao menos poderia tentar apartá-las, dentro da estrutura da mesma lei. Ocorre, porém, que isto não foi feito e tudo restou misturado, daí toda confusão e dificuldade.

Tomemos um exemplo prático. O art. 2º da Lei federal das Licitações estabelece o seguinte: "As obras, serviços, inclusive de publicidade, compras, alienações, concessões, permissões, e locações da Administração Pública, quando contratadas com terceiros, serão necessariamente precedidos de licitação, ressalvadas as hipóteses previstas nesta Lei". Aqui temos, segundo a definição adotada, uma norma geral, porque é exatamente este dispositivo que viabiliza o princípio da igualdade, isonomia ou impessoalidade, de cunho constitucional e, por isso mesmo, a regra é a licitação. Assim, o citado art. 2º pode ser havido como norma geral e, portanto, obriga toda Administração Pública brasileira.

De outro lado, quando essa mesma Lei prescreve a forma de publicar o instrumento convocatório da licitação (art. 21), por exemplo, ela desce a detalhes e não pode ser considerada norma geral, exatamente porque nada ou muito pouco espaço legislativo sobraria para os Estados-membros, os Municípios ou ao Distrito Federal. Acreditamos que o mesmo ocorre em relação à disciplina relativa à Comissão de Licitação (art. 51). De fato, quando a Lei Geral de Licitações estabelece as regras para a instituição da Comissão de Licitação ela desce a detalhes extraordinários, dizendo quem pode ou participar desses colegiados e, ainda, dizendo quem pode ser reconduzido para o período seguinte. Esse detalhamento impede que ditas regras sejam havidas como normas gerais.

Outra não é a conclusão a que chegou Floriano de Azevedo Marques Neto:

> Quando estamos diante da matéria *licitações*, fica bastante sensível a questão da autonomia dos entes federados. Afinal, o procedimento licitatório nada mais é do que um meio exigido legalmente para Administração alcançar uma finalidade de interesse público (um serviço, uma melhoria, um bem etc.). É, portanto, um instrumento da gestão interna de cada ente federado. O dever de licitar (ou seja, de respeitar procedimentos licitatórios) é imposto pela Constituição. Os princípios a serem respeitados neste intento, também. A forma básica de concretização destes princípios, a moldura a que se refere o Min. Carlos Velloso, viria expressa como normas gerais federais. A partir daí, as regras devem ser estabelecidas — por lei — no âmbito de cada ente integrante da Federação.
>
> Portanto, pretender estabelecer as cláusulas integrantes dos contratos (art. 55), a sequência das autuações das peças no processo administrativo (art. 38), o momento em que o procedimento será aprovado pela autoridade responsável (art. 43, VI), as regras de arquivamento dos contratos nas repartições públicas (art. 60), o modo de indicação das Comissões permanentes de licitação (art. 51), para ficarmos apenas em alguns exemplos, significa invadir totalmente a esfera de autonomia dos entes federados, quase que reduzindo seus agentes a meros aplicadores da lei federal. (...)
>
> Tal evidência não decorre apenas de razões jurídicas, mas da absoluta inconveniência de regulamentar de forma centralizada pela União procedimentos a serem aplicáveis a realidades tão díspares como as encontradiças em cidadelas perdidas no meio da Amazônia, no sertão de Goiás ou nos pampas sulinos, com Capitais do porte do Rio de Janeiro ou ainda com o Distrito Federal. É óbvio que a estrutura da Administração Federal é incomparavelmente maior que a da maioria dos Municípios e que, portanto, as regras aplicáveis para uns não o serão — até por absoluta impossibilidade prática — para outros. Damos dois exemplos.
>
> Em muitos Municípios extremamente pequenos é impossível se exigir a observância do §4º do art. 51 da Lei 8.666/93 pelo simples fato de que inexistem mais do que dois servidores qualificados e legalmente habilitados para integrar a Comissão permanente de licitações, obrigando que esta seja, sempre, integrada pelo mesmo rito.

Em outro caso, o estabelecimento do prazo mínimo de cinco dias úteis (art. 21, §2º, IV) para os convites não é o mais adequado para, por exemplo, Municípios da Região Amazônica, onde o transporte e as comunicações são lentos e difíceis.[82]

Interessante abordagem é feita pelo professor Adilson Abreu Dallari quanto à abrangência das normas gerais relativas aos contratos de concessões de serviços públicos, previstos nas Leis federais nº 8.987/95 e nº 9.074/95:

> No Estado de São Paulo, quando da promulgação da Lei federal 8.987/95, já vigorava a Lei 7.835, de 8.5.92, dispondo, exatamente, sobre o regime de concessões e permissões. Tal lei permanece em vigor, devendo ser fielmente cumprida, excepcionando-se apenas eventuais dispositivos que se choquem frontalmente com as normas gerais editadas pela União. (...)
>
> Registre-se que a legislação estadual e municipal não deve vassalagem à legislação meramente federal, mas, sim, apenas às leis nacionais e, em matéria de licitações e contratações, inclusive concessões e permissões, apenas às normas gerais das leis nacionais. (...)
>
> Problema interessante, entretanto, surgiu quando da promulgação da Lei 9.074, de 7.7.95. Na quase-totalidade de seus dispositivos, ela se refere apenas e tão-somente à Administração Federal, sendo fora de dúvida que, em seu conjunto, ela deve ser considerada como lei meramente federal, sem eficácia sobre as Administrações estaduais e municipais.
>
> *O vício antigo de curvar a espinha dorsal e baixar a cabeça diante de qualquer autoridade federal levou alguns intérpretes a sustentar sua aplicabilidade a Estados e Municípios até mesmo contra a literalidade de seus dispositivos.*
>
> Assim é que, como o art. 1º dessa lei elenca, de maneira genérica, uma séria de áreas de atuação nas quais a Administração Federal poderia valer-se de concessões e permissões, entenderam alguns que dispositivo correlato (se não igual) deveria existir nas leis estaduais e municipais como condição indispensável a que pudessem vir a ser celebrados contratos de concessão ou permissão nessas esferas. (...)
>
> A questão, porém, complica-se diante do disposto no caput do art. 2º da citada Lei federal 9.074/95, que tem o seguinte enunciado: "Art. 2º. É vedado à União, aos Estados, ao Distrito Federal e aos Municípios executarem obras e serviços públicos por meio de concessão e permissão de serviço público, sem lei que lhes autorize e fixe os termos, dispensada

---

[82] MARQUES NETO. Normas gerais de licitação – Doação e permuta de bens de Estados e de Municípios – Aplicabilidade de disposições da Lei Federal nº 8.666/93 aos entes federados (Comentários a acórdão do STF ADINCONST 927-3-RS). *Revista Trimestral de Direito Público*, v. 12, p. 179-180.

a lei autorizativa nos casos de saneamento básico e limpeza urbana e nos já referidos na Constituição Federal, nas Constituições Estaduais e nas Leis Orgânicas do Distrito Federal e Municípios, observado, em qualquer caso, os termos da Lei nº 8.987, de 1995". (...)

A pergunta que se coloca é a seguinte: toda e qualquer concessão e permissão deve ser objeto de autorização legislativa prévia e específica? (...)

... é preciso questionar a abrangência do art. 2º da Lei 9.074/95. É certo que ele deve ser obedecido pelos órgãos e entidades que integram a Administração Federal, mas *é gritante sua inconstitucionalidade ao pretender submeter Estados e Municípios.*

Recorde-se, em primeiro lugar, o princípio federativo. A regra geral é a autonomia dos entes federados. A submissão à União é excepcional e, com tal, deve ter interpretação restrita, somente podendo ser aceita quando inquestionável. *Na dúvida, deve prevalecer o entendimento mais consentâneo como princípio, pois este é o que condiciona a interpretação e aplicação das normas isoladas.* (...)

Nesse sentido, além do que já foi dito, cabe acrescentar que a questão da necessidade ou não de prévia autorização legislativa diz respeito ao relacionamento entre Poderes, à própria organização política de cada ente federado, não podendo ser objeto de lei federal, nem mesmo de caráter nacional.

Note-se que o art. 175 da Constituição Federal estabelece como requisito ou condição das concessões e permissões a realização de certame licitatório, mas não exige prévia autorização legislativa específica, como o faz, por exemplo, no tocante à criação de empresa pública, sociedade de economia mista, autarquia ou fundação (art. 37, XIX).[83] (grifos nossos)

Quanto à competência legislativa concorrente do art. 24, XI, CF (procedimentos em matéria processual), pedimos vênia para discordar dos doutrinadores que enxergam na norma apenas competência para estabelecer procedimentos em matéria processual jurisdicional (penal, cível ou trabalhista), uma vez que, a nosso ver, a competência contempla também procedimentos *administrativos* em matéria processual.

Note-se que a competência para legislar em direito processual é privativa da União, *ex vi* do disposto no art. 22, I, CF. Por isso, imprescindível apartar os conceitos de processo e procedimento.[84]

---

[83] DALLARI. Lei estadual de concessões e legislação federal superveniente. *Revista Trimestral de Direito Público*, p. 70-73.
[84] É uma situação que não pode ser comparada à da Constituição de 1891, que dizia que a União legislaria privativamente sobre direito processual da Justiça Federal, e aos Estados-membros, em razão da competência residual, restava legislar sobre o direito processual, sem

Embora não seja nada fácil desvincular procedimento de processo, é fácil verificar, na doutrina, que a disputa entre referido binômio é antiquíssima, notadamente no Direito Processual Civil.

Processo, etimologicamente, advém do latim *procedere*, traduzindo uma ideia de marcha, de progredir ou avançar, de movimento para frente.

Na verdade, processo é a sucessão de atos tendentes a uma finalidade e, como existem várias formas específicas de realizar esta sucessão, isto é, os aspectos externos do processo, estes constituem o procedimento.

Dito de outra forma, processo abarca o procedimento e a relação jurídica processual contraditória (entre juiz e partes no Direito Processual Civil).

Assim, é correto dizer que procedimento é a forma como o processo se exterioriza e materializa no mundo jurídico, *v.g.*, no processo civil, o Código de Processo Civil prevê uma fórmula geral de solução de conflitos, denominada procedimento comum (que se divide em ordinário, sumário e sumaríssimo) e é usado sempre que o direito material litigioso não demande regra específica para sua solução. Ao contrário, quando há necessidade de seguir regras específicas, segue-se o procedimento especial (ação de consignação em pagamento, ação de prestação de contas, ações possessórias, ação de usucapião, restauração de autos etc.).

Desta forma, o correto é denominar "processo administrativo" à procedimento administrativo e essa a posição majoritária da doutrina (Adilson Abreu Dallari, Sérgio Ferraz, Romeu Felipe Bacellar Filho, Odete Medauar, Diogenes Gasparini, Diogo de Figueiredo Moreira Neto, entre outros).[85] Daí porque a Lei nº 9.784/99 é Lei Geral de Processo Administrativo (art. 1º, *caput*).

Em Direito Administrativo, assinala-se que existe uma forte tendência a considerar processo administrativo quando há controvérsia

---

colisão com aquela competência atribuída à União, razão pela qual existiam, à época, CPCs e CPPs para cada um dos Estados-membros. Também não é o que estava nas Constituições de 1946, 1967 e 1969: a União legislava privativamente sobre Direito processual, não havendo espaço legislativo para os outros entes federados. A Constituição de 1988 diz que a União legisla privativamente sobre direito processual, e com os Estados-membros e o DF, concorrentemente, sobre procedimentos em matéria processual.

[85] Registra-se que existem doutrinadores que preferem a expressão "procedimento administrativo", como Carlos Ari Sundfeld (A importância do procedimento administrativo. *Revista de Direito Público*, p. 64-74) e Celso Antônio Bandeira de Mello, que reconhece o acerto da expressão "processo administrativo", mas utiliza procedimento por uma questão de tradição (*Curso de direito administrativo*. 25. ed., p. 477).

ou litígio, certamente por influência da doutrina de Hely Lopes Meirelles, para quem não há processo sem procedimento, mas há procedimentos administrativos que não constituem processo, como por exemplo, os de licitações e concursos. Para o autor, o que caracteriza o processo é o ordenamento de atos para a solução de uma controvérsia; o que tipifica o procedimento de um processo administrativo é o encachamento de atos para a obtenção de uma decisão jurisdicional da administração.[86]

O ilustre processualista italiano Francesco Carnelutti afirma que o processo não é privativo da função jurisdicional, assim como o procedimento, pois ambos se estendem ao campo das funções legislativa e administrativa.[87]

Ora, se existem processo e procedimento também na esfera administrativa, independentemente do critério utilizado para apartá-los, há que se reconhecer a importância da distinção em função da competência legislativa na matéria: processo administrativo é de competência legislativa privativa da União (art. 22, I) e procedimentos administrativos é de competência concorrente entre União, Estados e DF (art. 24, XI), podendo o Município suplementar a legislação federal e estadual, no que couber (art. 30, II, CF).

O tema gerou recentes discussões, como a edição da Lei paulista nº 11.819/05, que instituiu o interrogatório de detentos por meio de videoconferência, considerada inconstitucional pelo STF (HC nº 90.900/SP e HC nº 91.859/SP, julgados em 19 dez. 2008 e 4 nov. 2008, respectivamente). Os ministros entenderam que a norma disciplinava processo penal, competência exclusiva da União, e não procedimento, como defendeu o Estado de São Paulo. O impasse só foi aparentemente resolvido depois que foi editada a Lei federal nº 11.900/2009, que alterou o art. 185 do CPP, que trata de interrogatório, permitindo a videoconferência. Essa posição dos ministros do STF contrariou decisões do STJ e TJSP e mostra, claramente, mais uma vez, a posição centralizadora da Suprema Corte em matéria de conflitos de competências.

O tema certamente gerará muitas discussões por ocasião da análise do Anteprojeto do Código de Procedimentos Processuais do Estado de São Paulo, divulgado em 16 jun. 2009, fruto de um grupo

---

[86] MEIRELLES. O processo administrativo. *Revista dos Tribunais*, n. 483, p. 11. No mesmo sentido, FIGUEIREDO. Estado de direito e devido processo legal. *Revista de Direito Administrativo*, n. 209, p. 15.

[87] CARNELUTTI. *Instituciones del nuevo proceso civil italiano*, p. 48.

de trabalho formado por iniciativa do jurista e deputado estadual Fernando Capez.[88]

Por fim, a recente Lei nº 12.232, de 29 abr. 2010, pretendeu trazer "normas gerais sobre licitações e contratações pela administração pública de serviços de publicidade prestados necessariamente por intermédio de agências de propaganda, no âmbito da União, dos Estados, do Distrito Federal e dos Municípios" (art. 1º, *caput*). A despeito disso, veiculou diversas normas absolutamente específicas que, evidentemente, não são aplicáveis aos Estados-membros, ao Distrito Federal e aos Municípios. Algumas normas, inclusive, chegam a minúcias que mais parecem normas do edital da licitação. Tomemos como exemplo o art. 9º, que prescreve quantos invólucros deverão ser apresentados pelo licitante.[89] Diga-se o mesmo do art. 6º, incisos IV e IX a XI. Além disso, são diversas as normas que estipulam prazos ou percentuais (artigos 6º, VII; 9º, parágrafos 4º, 5º e 8º; 14, parágrafos 1º a 3º; e 17).

4.2.3 Normas gerais e Anteprojeto de Lei Orgânica da Administração Pública

Possui a União competência para editar norma geral em matéria de organização administrativa?

A questão veio à baila diante da apresentação do Anteprojeto de Lei Orgânica da Administração Pública.

Explica-se. O Ministério do Planejamento, Orçamento e Gestão instituiu através da Portaria nº 426, de 6 dez. 2007, Comissão de Juristas[90] para propor uma nova estrutura orgânica para o funcionamento da Administração Pública Federal e das suas relações com entes de colaboração, diante do esgotamento no modelo atual da administração pública, em particular por conta das imprecisões do DL nº 200/67.

---

[88] Íntegra do anteprojeto disponível em: <http://www.al.sp.gov.br>.
[89] "Art. 9º As propostas de preços serão apresentadas em 1 (um) invólucro e as propostas técnicas em 3 (três) invólucros distintos, destinados um para a via não identificada do plano de comunicação publicitária, um para a via identificada do plano de comunicação publicitária e outro para as demais informações integrantes da proposta técnica. §1º O invólucro destinado à apresentação da via não identificada do plano de comunicação publicitária será padronizado e fornecido previamente pelo órgão ou entidade responsável pela licitação, sem nenhum tipo de identificação. §2º A via identificada do plano de comunicação publicitária terá o mesmo teor da via não identificada, sem os exemplos de peças referentes à idéia criativa".
[90] Participaram da comissão os ilustres professores Almiro do Couto e Silva, Carlos Ari Sundfeld, Floriano de Azevedo Marques Neto, Paulo Eduardo Garrido Modesto, Maria Coeli Simões Pires, Sergio de Andréa Ferreira e Maria Sylvia Zanella Di Pietro, que a presidiu.

No dia 16 jul. 2009, o Ministro do Planejamento, Orçamento e Gestão, recebeu oficialmente os resultados dos trabalhos da referida Comissão de Juristas e, mesmo diante da aparente ausência de competência concorrente da União na matéria, o art. 1º prescreve que "esta Lei estabelece *normas gerais* sobre a administração pública direta e indireta, as entidades paraestatais e as de colaboração".[91]

Colhe-se na Exposição de Motivos do Anteprojeto as causas que levaram a Comissão apresentar uma proposta de normas gerais acerca da matéria:

> É importante ressaltar que a Comissão abandonou, logo de início, a idéia de fazer uma simples lei orgânica para a Administração Pública federal, por entender que a necessidade atual — no âmbito federal, mas não restrita a ele — é de uma redefinição das várias classes de entidades que compõem a administração indireta, especialmente as que têm personalidade de direito privado, bem como a reconfiguração de seu regime jurídico. Como também considerou altamente relevante abranger, no anteprojeto, determinadas entidades que, embora instituídas no âmbito não estatal — ainda que, em alguns casos, com impulso estatal — desenvolvem atividades de interesse público, que as habilitam a atuar como parceiras do Estado. Elas estão a meio caminho entre o estatal e o não estatal, gerindo, muitas delas, verbas públicas. Por isso mesmo, sua atuação está sujeita, sob alguns aspectos, a normas de direito público, especialmente no que diz respeito ao controle. Trata-se das entidades paraestatais e das entidades de colaboração (estas últimas pertencentes ao chamado terceiro setor).
>
> Este foi o primeiro desafio da Comissão: construir uma lei que contenha normas de âmbito nacional, já que referidas a matérias de competência privativa ou predominante do Congresso Nacional. Não é viável criar apenas para a União novos perfis de entidades da administração indireta, sujeitas a regime jurídico diferenciado, com derrogações de normas do direito civil (especialmente as pertinentes às pessoas jurídicas), só possíveis por lei de âmbito nacional (CF, art. 22, I). Ademais, parte significativa do anteprojeto envolve matéria de licitação ou contratação, cujas normas gerais devem ser nacionais (CF, art. 22, XXVII), e isso tanto no que se refere às novas regras de licitação para entidades estatais de direito privado e ao regime do contrato de autonomia, como, ainda, ao contrato de colaboração pública a ser firmado com entes de colaboração.
>
> Também devem ser nacionais as normas sobre as entidades paraestatais, pois cabe somente à União legislar sobre suas duas classes: as

---

[91] Vide a íntegra do anteprojeto no Anexo deste livro.

corporações profissionais e os serviços sociais autônomos vinculados ao sistema sindical (CF, art. 8º, art. 22, I e XVI, e art. 240).

O trabalho considerou as insuficiências, contradições e imprecisões do Decreto-lei 200, de 25-2-67, a necessidade de dispor sobre aspectos relevantes das emendas constitucionais 19/98 e 32/01, o crescimento da agenda organizatória, sobretudo com a emergência das parcerias com o terceiro setor e a ampliação dos serviços sociais, a fragmentação de iniciativas em matéria de organização e perda de visão de conjunto das alternativas no modo de funcionamento do aparato administrativo do Estado. Este estado de coisas produziu a confusão conceitual que atualmente impõe obstáculos à gestão pública e promove desencontros entre órgãos de controle sobre aspectos fundamentais da organização e funcionamento das entidades administrativas.

Entendeu-se haver impropriedades nos conceitos de algumas entidades estatais, contidos no Decreto-lei 200/67, e imprecisões em diversos aspectos da disciplina das empresas estatais. Por igual, reconheceu-se na lei vigente a falta de delimitação mais nítida entre as atividades de supervisão e controle; a ausência de disciplina do controle social da administração, a confusão entre descentralização e desconcentração; o não tratamento adequado do tema das subsidiárias das entidades da administração indireta, bem como o não tratamento do tema das empresas das quais o Estado participe sem integração à administração indireta, além da omissão na disciplina geral de numerosas questões surgidas após a edição do Decreto-lei 200/67.

A Comissão considerou relevante disciplinar a expedição de regulamento de organização, disciplinar o contrato previsto no artigo 37, §8º, da Constituição, e o vínculo jurídico com as entidades de colaboração.

Sob a ótica dos juristas, portanto, restou inviável criar uma lei apenas federal sobre organização administrativa pois, ao estabelecer novos perfis das entidades da Administração Indireta, notadamente às empresas estatais, sujeitas a regime jurídico diferenciado pelas derrogações de normas do Direito Civil (especialmente as pertinentes às pessoas jurídicas), só é possível através do exercício da competência privativa da União para legislar sobre Direito Civil (art. 22, I, CF).

A Comissão ainda considerou que parte considerável do ante-projeto envolve matéria de licitações (das entidades estatais de direito privado) e contratos administrativos (contrato de autonomia, disciplinando o §8º do art. 37, CF). E, como se sabe, licitações e contratos são competências legislativas concorrentes, por expressa previsão constitucional (art. 22, XXVII).

Por fim, a Comissão considerou que também devem ser nacionais as normas sobre as entidades paraestatais, pois cabe somente à União legislar sobre as corporações profissionais e os serviços sociais autônomos vinculados ao sistema sindical (CF, arts. 8º, 22, I e XVI, e 240).

Outro aspecto mencionado por Paulo Modesto, que integrou a Comissão, para dar suporte à tese de que a União tem competência concorrente no tema é o disposto no art. 26 da EC nº 19/98, norma que não integrou a CF: "no prazo de dois anos da promulgação desta Emenda, as entidades da administração indireta terão seus estatutos revistos quanto à respectiva natureza jurídica, tendo em conta a finalidade e as competências efetivamente executadas". O aludido jurista afirma que a norma não foi efetivamente aplicada e somente tem aplicação viável "se existente um quadro coerente e global sobre a tipologia das formas estruturais da organização administrava, referencial para as revisões reclamadas. É dizer: o art. 26 da Emenda Constitucional n. 19/98 pode ser considerado base para a exigência não apenas para a revisão da forma jurídica das entidades da administração indireta, mas base de exigência para uma nova lei orgânica da administração pública, apta a revogar o Decreto-Lei 200/67 e oferecer sistematicidade e alguma clareza conceitual a organização administrativa brasileira".[92]

Na verdade, da análise do conteúdo do Anteprojeto de Lei Orgânica da Administração Pública tem-se a nítida impressão que nem tudo o que lá consta pode ser enquadrado dentro da competência privativa da União em matéria de Direito Civil ou sobre as corporações profissionais e os serviços social autônomos (art. 22, I e XVI, CF), ou ainda abarcado pela competência concorrente em matéria de licitações e contratações públicas (art. 22, XXVII, CF).

Deste modo, de duas, uma: ou considera-se que a União tem autorização constitucional para elaborar normas gerais em matéria de organização administrativa — o que aparentemente não tem — ou corre-se o risco do Judiciário, especialmente o STF, declarar a inconstitucionalidade de diversos dispositivos do anteprojeto se for aprovado tal como está.

A impressão que se tem é que a Comissão atuou de maneira pragmática, diante da enorme dificuldade de separar os temas que seriam de competência privativa ou concorrente da União daqueles que seriam de competência exclusiva dos demais entes políticos.

E mais, assim o fez por dois motivos, a nosso ver. Em primeiro lugar porque o modelo federal de organização administrativa descrito

---

[92] MODESTO. As fundações estatais de direito privado e o debate sobre a nova estrutura orgânica da Administração Pública. *Revista Eletrônica sobre a Reforma do Estado – RERE*.

no DL nº 200/67 foi voluntariamente assumido pelos demais entes políticos antes da CF/88, quando não lhes era exigível. Tanto que todos os Estados-membros e os principais Municípios possuem autarquias, empresas públicas, sociedades de economia mista e fundações governamentais antes da edição da CF/88 (fato que só reforça a tese do centralismo e da subserviência à União, o que enfraquece, ainda mais, o princípio federalista).

Ora, não nos parece que a dificuldade — que é gigantesca, reconhece-se — de apartar em capítulos diversos da lei as normas tidas como privativas ou nacionais da União daquelas que seriam apenas aplicáveis à Administração Pública federal, Direta e Indireta, seja suficiente para emaranhá-las e, com isso, afirmar que são todas normas gerais.

No Direito Administrativo, temos dois grandes exemplos de técnica legislativa, um desastroso e outro que atendeu plenamente o que dispôs a CF sobre o tema. O primeiro é, sem sombra de dúvida, o regime da Lei nº 8.666/93 que não apartou as normas gerais e federais e trouxe muitas dúvidas e divergências doutrinárias e jurisprudenciais sobre a matéria. O segundo é o da Lei nº 11.079/2004 que disciplinou as concessões especiais, ou seja, as parcerias público-privadas, e em rara felicidade do legislador sobre o tema de normas gerais, conseguiu separar as normas gerais daquelas aplicáveis apenas à União (Capítulo IV, artigos 14, 22).[93]

Além disso, pedimos vênia ao ilustre jurista baiano Paulo Modesto para discordar de seu fundamento extraído do art. 26 da EC nº 19/98. É que não conseguimos enxergar como tal dispositivo, que apenas fixa prazo para revisão dos estatutos das entidades da Administração Indireta, possa fixar competência da União para edição de uma nova lei orgânica da administração pública, veiculadora de normas gerais.

Ademais, no julgamento da ADI-MC nº 2.135, ocorrido em 2 ago. 2007, o Pleno do STF afastou a aplicação do mencionado art. 26 da EC nº 19/98 pelo exaurimento do prazo estipulado para sua vigência. Trata-se da análise da suspensão liminar dos efeitos jurídicos da redação dada pela EC nº 19/98 em diversos dispositivos constitucionais por inconstitucionalidade formal em razão do disposto no §2º do art. 60 da CF (a matéria não foi devidamente aprovada no Congresso Nacional). Na oportunidade, a liminar foi deferida para determinar o retorno da redação original do art. 39 que obriga os entes federados a adotarem

---

[93] Esta elogiável atuação do legislador, no entanto, não foi por obra somente do Legislativo. É fato notório que o prof. Carlos Ari Sundfeld foi quem apresentou o anteprojeto das leis das PPP federal e mineira; esta, aliás, foi a pioneira no Brasil (Lei nº 14.868/2003).

o regime jurídico único para os servidores da administração direta, autárquica e fundacional.

Isso não quer dizer, porém, que entendemos que inexiste competência concorrente na matéria. Discordamos, apenas, dos fundamentos elencados pela Comissão de Juristas.

A nosso ver a competência para União editar normas gerais sobre a administração pública direta e indireta e as entidades paraestatais e as de colaboração encontra-se na própria Constituição da República.

É que, conforme salientado, desde a edição do DL nº 200/67, que trata da "reforma administrativa federal", os demais entes políticos passaram, em grande medida, a adotar o modelo federal de organização administrativa, descrito no citado diploma legal.

Aproveitando deste ensejo, o legislador constituinte de 1988 adotou, plenamente, tal arcabouço legislativo, fazendo menção à administração direta e indireta em diversas passagens, de tal forma que nenhum ente federado consegue fugir deste sistema quando, por decorrência de sua autonomia político-administrativa (art. 18, *caput*, CF), vá organizar-se administrativamente, fazendo suas opções de desconcentração (criação de órgãos) ou de descentralização (criação de entidades da administração pública ou repasse de competência administrativa para outros entes privados, como os concessionários ou permissionários de serviços públicos).

Senão vejamos os diversos dispositivos constitucionais que tratam do modelo de organização administrativa direta e indireta:

> Art. 14. (...)
>
> §9º Lei complementar estabelecerá outros casos de inelegibilidade e os prazos de sua cessação, a fim de proteger a probidade administrativa, a moralidade para exercício de mandato considerada vida pregressa do candidato, e a normalidade e legitimidade das eleições contra a influência do poder econômico ou o abuso do exercício de função, cargo ou emprego na *administração direta ou indireta*. (*Redação dada pela Emenda Constitucional de Revisão nº 4, de 1994*)
>
> Art. 28. (...)
>
> §1º Perderá o mandato o Governador que assumir outro cargo ou função na administração pública direta ou indireta, ressalvada a posse em virtude de concurso público e observado o disposto no art. 38, I, IV e V. (*Renumerado do parágrafo único pela Emenda Constitucional nº 19, de 1998*)
>
> Art. 34. A União não intervirá nos Estados nem no Distrito Federal, exceto para: (...)

VII - assegurar a observância dos seguintes princípios constitucionais: (...)

d) prestação de contas da *administração pública, direta e indireta.*

Art. 37. A *administração pública direta e indireta* de qualquer dos Poderes da União, dos Estados, do Distrito Federal e dos Municípios obedecerá aos princípios de legalidade, impessoalidade, moralidade, publicidade e eficiência e, também, ao seguinte: (*Redação dada pela Emenda Constitucional nº 19, de 1998*) (...)

XI - a remuneração e o subsídio dos ocupantes de cargos, funções e empregos públicos da *administração direta, autárquica e fundacional*, dos membros de qualquer dos Poderes da União, dos Estados, do Distrito Federal e dos Municípios, dos detentores de mandato eletivo e dos demais agentes políticos e os proventos, pensões ou outra espécie remuneratória, percebidos cumulativamente ou não, incluídas as vantagens pessoais ou de qualquer outra natureza, não poderão exceder o subsídio mensal, em espécie, dos Ministros do Supremo Tribunal Federal, aplicando-se como limite, nos Municípios, o subsídio do Prefeito, e nos Estados e no Distrito Federal, o subsídio mensal do Governador no âmbito do Poder Executivo, o subsídio dos Deputados Estaduais e Distritais no âmbito do Poder Legislativo e o subsídio dos Desembargadores do Tribunal de Justiça, limitado a noventa inteiros e vinte e cinco centésimos por cento do subsídio mensal, em espécie, dos Ministros do Supremo Tribunal Federal, no âmbito do Poder Judiciário, aplicável este limite aos membros do Ministério Público, aos Procuradores e aos Defensores Públicos; (*Redação dada pela Emenda Constitucional nº 41, 19.12.2003*) (...)

XVII - a proibição de acumular estende-se a empregos e funções e abrange *autarquias, fundações, empresas públicas, sociedades de economia mista*, suas subsidiárias, e sociedades controladas, direta ou indiretamente, pelo poder público; (*Redação dada pela Emenda Constitucional nº 19, de 1998*) (...)

XIX - somente por lei específica poderá ser criada *autarquia* e autorizada a instituição de *empresa pública, de sociedade de economia mista e de fundação*, cabendo à lei complementar, neste último caso, definir as áreas de sua atuação; (*Redação dada pela Emenda Constitucional nº 19, de 1998*)

XX - depende de autorização legislativa, em cada caso, a criação de subsidiárias das *entidades mencionadas no inciso anterior*, assim como a participação de qualquer delas em empresa privada; (...)

§8º A autonomia gerencial, orçamentária e financeira dos órgãos e entidades da *administração direta e indireta* poderá ser ampliada mediante contrato, a ser firmado entre seus administradores e o poder público, que tenha por objeto a fixação de metas de desempenho para o órgão ou entidade, cabendo à lei dispor sobre: (*Incluído pela Emenda Constitucional nº 19, de 1998*)

§9º O disposto no inciso XI aplica-se às *empresas públicas e às sociedades de economia mista*, e suas subsidiárias, que receberem recursos da União, dos Estados, do Distrito Federal ou dos Municípios para pagamento de despesas de pessoal ou de custeio em geral (Incluído pela Emenda Constitucional nº 19, de 1998).

Art. 38. Ao servidor público da *administração direta, autárquica e fundacional*, no exercício de mandato eletivo, aplicam-se as seguintes disposições: (Redação dada pela Emenda Constitucional nº 19, de 1998) (...)

Art. 39.

§7º Lei da União, dos Estados, do Distrito Federal e dos Municípios disciplinará a aplicação de recursos orçamentários provenientes da economia com despesas correntes em cada órgão, *autarquia e fundação*, para aplicação no desenvolvimento de programas de qualidade e produtividade, treinamento e desenvolvimento, modernização, reaparelhamento e racionalização do serviço público, inclusive sob a forma de adicional ou prêmio de produtividade. (Redação dada pela Emenda Constitucional nº 19, de 1998)

Art. 40. Aos servidores titulares de cargos efetivos da União, dos Estados, do Distrito Federal e dos Municípios, incluídas suas *autarquias e fundações*, é assegurado regime de previdência de caráter contributivo e solidário, mediante contribuição do respectivo ente público, dos servidores ativos e inativos e dos pensionistas, observados critérios que preservem o equilíbrio financeiro e atuarial e o disposto neste artigo. *(Redação dada pela Emenda Constitucional nº 41, 19.12.2003)*

Art. 49. É da competência exclusiva do Congresso Nacional: (...)

X - fiscalizar e controlar, diretamente, ou por qualquer de suas Casas, os atos do Poder Executivo, incluídos os da *administração indireta*; (...)

Art. 70. A fiscalização contábil, financeira, orçamentária, operacional e patrimonial da União e das entidades da *administração direta e indireta*, quanto à legalidade, legitimidade, economicidade, aplicação das subvenções e renúncia de receitas, será exercida pelo Congresso Nacional, mediante controle externo, e pelo sistema de controle interno de cada Poder.

Art. 71. O controle externo, a cargo do Congresso Nacional, será exercido com o auxílio do Tribunal de Contas da União, ao qual compete: (...)

II - julgar as contas dos administradores e demais responsáveis por dinheiros, bens e valores públicos da *administração direta e indireta, incluídas as fundações e sociedades instituídas e mantidas pelo Poder Público federal*, e as contas daqueles que derem causa a perda, extravio ou outra irregularidade de que resulte prejuízo ao erário público;

III - apreciar, para fins de registro, a legalidade dos atos de admissão de pessoal, a qualquer título, na *administração direta e indireta, incluídas as fundações instituídas e mantidas pelo Poder Público*, excetuadas as nomeações para cargo de provimento em comissão, bem como a das concessões de aposentadorias, reformas e pensões, ressalvadas as melhorias posteriores que não alterem o fundamento legal do ato concessório; (...)

Art. 102. Compete ao Supremo Tribunal Federal, precipuamente, a guarda da Constituição, cabendo-lhe:

I - processar e julgar, originariamente: (...)

f) as causas e os conflitos entre a União e os Estados, a União e o Distrito Federal, ou entre uns e outros, inclusive as respectivas entidades da *administração indireta*; (...)

§2º As decisões definitivas de mérito, proferidas pelo Supremo Tribunal Federal, nas ações diretas de inconstitucionalidade e nas ações declaratórias de constitucionalidade produzirão eficácia contra todos e efeito vinculante, relativamente aos demais órgãos do Poder Judiciário e à *administração pública direta e indireta*, nas esferas federal, estadual e municipal. (*Redação dada pela Emenda Constitucional nº 45, de 2004*) (...)

Art. 103-A. O Supremo Tribunal Federal poderá, de ofício ou por provocação, mediante decisão de dois terços dos seus membros, após reiteradas decisões sobre matéria constitucional, aprovar súmula que, a partir de sua publicação na imprensa oficial, terá efeito vinculante em relação aos demais órgãos do Poder Judiciário e à *administração pública direta e indireta, nas esferas federal, estadual e municipal*, bem como proceder à sua revisão ou cancelamento, na forma estabelecida em lei. (*Incluído pela Emenda Constitucional nº 45, de 2004*) (...)

Art. 105. Compete ao Superior Tribunal de Justiça:

I - processar e julgar, originariamente: (...)

h) o mandado de injunção, quando a elaboração da norma regulamentadora for atribuição de órgão, entidade ou autoridade federal, da *administração direta ou indireta*, excetuados os casos de competência do Supremo Tribunal Federal e dos órgãos da Justiça Militar, da Justiça Eleitoral, da Justiça do Trabalho e da Justiça Federal; (...)

Art. 109. Aos juízes federais compete processar e julgar:

I - as causas em que a União, entidade *autárquica ou empresa pública federal* forem interessadas na condição de autoras, rés, assistentes ou oponentes, exceto as de falência, as de acidentes de trabalho e as sujeitas à Justiça Eleitoral e à Justiça do Trabalho; (...)

IV - os crimes políticos e as infrações penais praticadas em detrimento de bens, serviços ou interesse da União ou de suas entidades *autárquicas ou empresas públicas*, excluídas as contravenções e ressalvada a competência da Justiça Militar e da Justiça Eleitoral; (...)

Art. 114. Compete à Justiça do Trabalho processar e julgar: (Redação dada pela Emenda Constitucional nº 45, de 2005)

I - as ações oriundas da relação de trabalho, abrangidos os entes de direito público externo e da *administração pública direta e indireta da União*, *dos Estados, do Distrito Federal e dos Municípios;* (Incluído pela Emenda Constitucional nº 45, de 2004) (...)

Art. 142. (...)

§3º Os membros das Forças Armadas são denominados militares, aplicando-se-lhes, além das que vierem a ser fixadas em lei, as seguintes disposições: (Incluído pela Emenda Constitucional nº 18, de 1998) (...)

III - O militar da ativa que, de acordo com a lei, tomar posse em cargo, emprego ou função pública civil temporária, não eletiva, ainda que da *administração indireta,* ficará agregado ao respectivo quadro e somente poderá, enquanto permanecer nessa situação, ser promovido por antigüidade, contando-se-lhe o tempo de serviço apenas para aquela promoção e transferência para a reserva, sendo depois de dois anos de afastamento, contínuos ou não, transferido para a reserva, nos termos da lei; (Incluído pela Emenda Constitucional nº 18, de 1998) (...)

Art. 163. Lei complementar disporá sobre: (...)

V - fiscalização financeira da *administração pública direta e indireta*; (Redação dada pela Emenda Constitucional nº 40, de 2003) (...)

Art. 165.

§5º A lei orçamentária anual compreenderá: (...)

I - o orçamento fiscal referente aos Poderes da União, seus fundos, órgãos e entidades da *administração direta e indireta, inclusive fundações instituídas e mantidas pelo Poder Público;* (...)

§9º Cabe à lei complementar: (...)

II - estabelecer normas de gestão financeira e patrimonial da *administração direta e indireta* bem como condições para a instituição e funcionamento de fundos. (...)

Art. 169. (...)

§1º A concessão de qualquer vantagem ou aumento de remuneração, a criação de cargos, empregos e funções ou alteração de estrutura de carreiras, bem como a admissão ou contratação de pessoal, a qualquer título, pelos órgãos e entidades da *administração direta ou indireta,* inclusive fundações instituídas e mantidas pelo poder público, só poderão ser feitas: (Renumerado do parágrafo único pela Emenda Constitucional nº 19, de 1998) (...)

Art. 202. (...)

§4º Lei complementar disciplinará a relação entre a União, Estados, Distrito Federal ou Municípios, inclusive suas *autarquias, fundações, sociedades de economia mista e empresas controladas direta ou indiretamente,* enquanto patrocinadoras de entidades fechadas de previdência privada, e suas respectivas entidades fechadas de previdência privada. (Incluído pela Emenda Constitucional nº 20, de 1998) (...)

Art. 234. É vedado à União, direta ou indiretamente, assumir, em decorrência da criação de Estado, encargos referentes a despesas com pessoal inativo e com encargos e amortizações da dívida interna ou externa da administração pública, inclusive da *indireta.*

ADCT – Art. 17. Os vencimentos, a remuneração, as vantagens e os adicionais, bem como os proventos de aposentadoria que estejam sendo percebidos em desacordo com a Constituição serão imediatamente reduzidos aos limites dela decorrentes, não se admitindo, neste caso, invocação de direito adquirido ou percepção de excesso a qualquer título.

§1º É assegurado o exercício cumulativo de dois cargos ou empregos privativos de médico que estejam sendo exercidos por médico militar na *administração pública direta ou indireta.* (grifos nossos)

São cerca de 30 referências no corpo da CF/88 em relação a esta forma de organização administrativa: direta e indireta, esta abrangendo autarquias, fundações, sociedades de economia mista e empresas públicas, entidades também mencionadas pela Carta da República em algumas das passagens transcritas acima.

Note-se que as referências são as mais variadas possíveis. Dizem respeito desde inexigibilidade e abuso do exercício de cargo, emprego e função (art. 14, §9º), regras para exercício de mandato eletivo (art. 38), perda de mandato (art. 28, §1º), intervenção federal (art. 34, VII, "d"), fixação de competência do Judiciário – STF (art. 102, I, "f" e §2º), STJ (art. 105, I, "h"), justiça federal (art. 109, I e IV) e justiça do trabalho (art. 114, I) –, extensão do alcance das súmulas vinculantes editadas pelo STF (art. 103-A), questões relacionadas à posse de servidor militar em serviço público civil (art. 142, §3º, III), questões orçamentárias e previdenciárias (artigos 39, §7º, 40, 165, §5º e 169, §1º), sem deixar de lado o mais óbvio: criação das entidades da administração indireta e suas subsidiárias (art. 37, XIX e XX), sujeição aos princípios da Administração Pública (art. 37, *caput*), sistema remuneratório (art. 37, XI e §9º), proibição de cumulação de cargos, empregos e funções (art. 37, XVII e art. 17, §1º do ADCT), contratos de gestão ou de autonomia (art. 37, §8º) e controle (artigos 49, 70 e 71).

Assim, não há como os entes federados fugirem deste modelo de organização administrativa. E isso consiste, a nosso ver, em normas gerais. A admitir o contrário, estar-se-ia legitimando que uma autarquia federal tivesse conformação totalmente diferente de uma entidade autárquica municipal, ou que uma empresa pública distrital estivesse em regime jurídico totalmente diverso do modelo adotado pela União.

Daí porque consideramos que, diante de uma análise sistemática da CF, a União possui competência legislativa concorrente em matéria de organização administrativa, para, dentro dos parâmetros das normas gerais possa trazer a moldura da Administração Pública brasileira, cabendo a cada ente federado preencher, no espaço delimitado pelas normas nacionais editadas pela União, a pintura do seu quadro, respeitando as suas peculiaridades, características, regionalismos e interesse local, tudo de modo a atender ao princípio da federação.

Pode-se argumentar que forma societária das estatais é competência legislativa privativa da União, incluída no Direito Civil e Comercial (art. 22, I, CF). Não concordamos com este argumento, em primeiro lugar porque as empresas estatais são, acima de tudo e fundamentalmente, instrumentos de atuação do Estado na exploração de atividade econômica (art. 173, CF) ou na prestação de determinado serviço público (art. 175, CF). Anuímos ao entendimento do ilustre administrativista Celso Antônio Bandeira de Mello que ensina que, em relação às estatais, o acidental é que assumem forma societária de direito privado e o essencial é que são instrumentos de atuação estatal. A pensar diferente, teríamos que reconhecer que todas as empresas públicas estaduais, municipais e distritais que assumissem forma societária anômala (unipessoal, por exemplo), seriam inconstitucionais, por falta de competência destes entes políticos na matéria. E isso é inverter o regime jurídico atribuído, tornando o acidental em essencial. Ademais, são muitas as empresas públicas unipessoais no Brasil, em todos os níveis federativos.

Fixada a competência da União para editar normas gerais em matéria de organização administrativa e realizada análise no Anteprojeto de Lei Orgânica da Administração Pública, entendemos que, a princípio, a Comissão de Juristas elaborou proposta que se enquadra no conceito de normas gerais, respeitando o espaço legislativo dos demais entes federados.

4.2.4 Normas gerais, Copa do Mundo e Jogos Olímpicos

A Medida Provisória nº 489, de 12 de maio de 2010, autoriza o Executivo Federal a integrar consórcio público de regime especial, denominado Autoridade Pública Olímpica (APO), em conjunto com o Estado e com o Município do Rio de Janeiro, com objetivo de coordenar a participação destes entes federados na preparação e realização dos Jogos Olímpicos e Paraolímpicos de 2016, especialmente para assegurar o cumprimento das obrigações por eles assumidas perante o Comitê Olímpico Internacional (COI).

Como salientado, referida Medida Provisória estabeleceu uma disciplina específica para licitações envolvendo bens, serviços e obras necessários à realização dos Jogos Olímpicos e Paraolímpicos de 2016 ou relacionados à infraestrutura aeroportuária necessária à realização da COPA do MUNDO FIFA 2014 (art. 11).

Cumpre asseverar ainda que a Medida Provisória nº 488, também de 12 de maio de 2010, autorizou a criação da empresa pública federal unipessoal denominada *BRASIL 2016 – Empresa Brasileira de Legado Esportivo S.A.*, que tem por finalidade prestar serviços à Administração Pública Direta e Indireta da União, dos Estados, do Distrito Federal e dos Municípios, bem como à Autoridade Pública Olímpica (APO), para elaboração e revisão de estudos e projetos, e execução de obras e serviços constantes da Carteira de Projetos Olímpicos, assim definida como "o conjunto de obras e serviços selecionados pela APO como essenciais à realização dos Jogos Olímpicos e Paraolímpicos de 2016" (art. 3º, §4º, I). O mesmo diploma legal estabelece ainda que a *BRASIL 2016* poderá ser contratada para execução das obras ou serviços com dispensa de licitação (art. 5º, parágrafo único), criando mais uma hipótese de licitação dispensável em razão da pessoa (art. 24, Lei nº 8.666/93).

O novo modelo proposto de licitações e contratações públicas baseia-se em experiências semelhantes utilizadas com sucesso em outras edições dos Jogos Olímpicos, como em Sidney, Barcelona e, mais recentemente, nos Jogos de Londres de 2012, onde foi criado um órgão análogo à APO, denominado *Olympic Delivery Authority* (*ODA*), porém não foi criado um sistema peculiar de licitação, como no caso brasileiro, conforme esclarece Cesar A. Guimarães Pereira que, aliás, vislumbra possível vício de causa, pois "as alterações previstas na MP nº 489 limitam-se a modificar e combinar procedimentos já existentes na legislação brasileira, sem guardar uma relação de pertinência lógica com os eventos (Jogos Olímpicos ou Copa do Mundo) em si".[94]

Dentre as inúmeras polêmicas que cercam a edição das MPs 488 e 489, certamente uma das principais diz respeito à constitucionalidade da criação de regras específicas de licitação e contratos administrativos referentes aos Jogos Olímpicos e Paraolímpicos de 2016 e a Copa do Mundo FIFA 2014.

É que, como se sabe, a União tem competência para editar normas gerais de licitação e contratação, em todas as modalidades, para todos os entes federados.

---

[94] PEREIRA, Cesar A. Guimarães. Licitações para os Jogos Olímpicos de 2016 e a Copa de 2014: as MPs 488 e 489, de 2010. *Informativo Justen, Pereira, Oliveira e Talamini*.

Discussão semelhante ocorreu à época em que a MP nº 2.182-18, de 23 de agosto de 2001, foi convertida na Lei nº 10.520/02, que disciplina o pregão. A MP limitava a nova modalidade licitatória à esfera federal, o que era apontado pela doutrina como uma visível inconstitucionalidade, superada pela conversão da MP em lei, quando o pregão foi estendido para todos os entes políticos.

Daí porque ou se considera inconstitucional o novo sistema específico de licitações e contratações das MPs 488 e 489, ou, a fim de salvar a constitucionalidade dos dispositivos, entende-se estendido a todas as licitações e contratações públicas realizadas pela Administração Pública Direta e Indireta, de todos os entes federados. Esta última parece ser a melhor solução, por atender postulado de hermenêutica constitucional, porém, surgem, a partir daí, diversas dificuldades, pois o novo regime modificou substancialmente os critérios de julgamento (art. 16, MP 489) e afastou o prazo de contratação previsto na Lei nº 8.666/93 (art. 57, II), o que eliminaria qualquer prazo máximo de contratação para os Jogos Olímpicos e Copa do Mundo (art. 22, MP 489), sepultando a regra segundo a qual é vedado celebrar contrato administrativo por prazo de vigência indeterminado (§3º, art. 57, Lei nº 8.666/93) e, portanto, os princípios da impessoalidade e moralidade, assegurados constitucionalmente (art. 37, *caput*).

Por fim, note-se que as MPs 488 e 489 perderam a eficácia em 6 de outubro de 2010, conforme Atos Declaratórios nº 34 e nº 35 do Presidente da Mesa do Congresso Nacional, pois não foram convertidas em lei dentro do prazo máximo de 120 dias de vigência, previsto constitucionalmente (art. 62, parágrafos 3º e 7º), hipótese que o Congresso Nacional deverá disciplinar, por decreto legislativo, as relações jurídicas delas decorrentes. Embora vedada a reedição das medidas na mesma sessão legislativa (art. 62, §10, CF), se o Congresso Nacional não editar o referido decreto legislativo até 60 dias após a perda da eficácia, as relações jurídicas constituídas e decorrentes de atos praticados durante a vigência das MPs conservar-se-ão por elas regidas (art. 62, §11, CF).

Deste modo, é possível a reedição das MPs a partir do primeiro semestre de 2011, o que é perfeitamente verossímil, uma vez que a candidata do governo foi eleita para a Chefia do Executivo federal.

Além disso, a *Empresa Brasileira do Legado Esportivo S/A – BRASIL 2016* foi criada pelo Decreto nº 7.258, de 5 de agosto de 2010, e diante da possível ausência de decreto legislativo disciplinando as relações jurídicas decorrentes da MP nº 488, terá aplicação a norma constitucional segundo a qual a relação jurídica constituída durante sua vigência conservar-se-á por ela regida.

Em função dessas razões, optou-se pela manutenção da presente seção.

4.2.5 Análise da jurisprudência

Sem sombra de dúvidas, um dos mais importantes precedentes do STF na matéria é o julgamento em 3 nov. 1993 da ADI-MC 927-3-RS,[95] em que o Pleno do Tribunal reconheceu que diversas disposições do art. 17 da Lei nº 8.666/93 não são normas gerais (ou nacionais), mas apenas federais, isto é, obrigam apenas a Administração Pública Federal Direta e Indireta. O dispositivo trata dos requisitos para alienação de bem público imóvel (inciso I) e móvel (inciso II), sendo que as alíneas arrolam hipóteses de licitação dispensada.[96] Nesta ocasião, o Tribunal deferiu em parte a cautelar para dar interpretação conforme a Constituição ao art. 17, I, "b" (doação de bem imóvel) e art. 17, II, "b" (permuta de bem móvel) para esclarecer que a vedação tem aplicação somente no âmbito da União Federal. O emérito relator, ministro Carlos Velloso, em feliz passagem, averbou:

> A formulação do conceito de "normas gerais" é tanto mais complexa quando se tem presente o conceito de lei em sentido material — norma geral, abstrata. Ora, se a lei, em sentido material, é norma geral, como seria a de lei de "normas gerais" referida na Constituição? Penso que essas "normas gerais" devem apresentar generalidade maior do que apresentam, de regra, as leis. Penso que "norma geral", tal como posta na Constituição, tem o sentido de diretriz, de princípio geral. *A norma geral federal, melhor será dizer nacional, seria a moldura do quadro a ser pintado pelos Estados e Municípios no âmbito de suas competências.* (grifos nossos)

Já por ocasião do julgamento da ADI nº 3.670/DF, ocorrido em 2 abr. 2007, o Pretório Excelso declarou a inconstitucionalidade de lei distrital que criou restrições a empresas que efetuarem discriminações

---

[95] O professor Floriano de Azevedo Marques Neto faz preciosa análise deste acórdão. Cf. Normas gerais de licitação – Doação e permuta de bens de Estados e de Municípios – Aplicabilidade de disposições da Lei Federal nº 8.666/93 aos entes federados (Comentários a acórdão do STF ADINCONST 927-3-RS). *Revista Trimestral de Direito Público*, p. 173-191.

[96] A licitação dispensada são hipóteses em que existe, em tese, possibilidade de licitação, porém a lei faz, vinculadamente, opção pela não realização do procedimento licitatório (art. 17, Lei nº 8.666/93). Essa hipótese não se confunde com a licitação dispensável ou inexigível: o extenso rol exaustivo da primeira, no art. 24 da citada lei, traz situações discricionárias de dispensa de licitação; no segundo caso, arrolado exemplificativamente no art. 25 da mesma lei, elenca hipóteses em que a licitação é inviável por falta de competição (ausência de pressupostos lógico ou fático da licitação).

na contratação de mão de obra, por ofensa à competência privativa da União para legislar sobre normas gerais de licitação e contratação administrativa (CF, art. 22, XXVII) e para dispor sobre Direito do Trabalho e inspeção do trabalho (CF, artigos 21, XXIV, e 22, I).

Na ADI-MC nº 2.338/SC a cautelar também foi deferida em parte, em 23 maio 2001, para suspender diversos dispositivos da Lei estadual nº 11.375/2000, do Estado de Santa Catarina, que dispõem sobre a instalação de barreiras eletrônicas para a redução de velocidade e de barreiras eletrônicas para a fiscalização dessa redução, por invasão da competência privativa da União para legislar sobre trânsito (art. 22, XI, da Carta Magna). Até aí, nenhuma novidade. Ocorre, porém, que a liminar não foi deferida em parte do pedido porque não foi considerado que os artigos 4º, 5º e 6º da Lei[97] em causa invadissem a competência exclusiva da União para legislar sobre normas gerais de licitação e contratação, exceto no tocante ao *caput* do referido art. 4º que, com a expressão "e aos Municípios", que estende expressamente a esses entes federativos a vedação e as restrições à licitação e à contratação dos equipamentos eletrônicos controladores de velocidade, daí decorrendo invasão na competência deles (art. 30, I, CF) para legislar sobre assuntos administrativos de interesse local.

Explica-se: uma análise superficial dos dispositivos citados permite inferir que as normas não tratam de trânsito, mas sim criam regras quanto à licitação para aquisição de radares eletrônicos e aos respectivos contratos, no tocante à garantia de manutenção dos equipamentos.

---

[97] "Art. 4º É defeso ao Estado *e aos municípios* a deflagração de processos de aquisição de controladores eletrônicos de velocidade mediante financiamento, tanto pelo fornecedor quanto por instituições financeiras.
§1º Incumbe aos órgãos adquirentes de equipamentos eletrônicos de velocidade, exigir no processo licitatório pertinente, a concessão de garantia incondicional de, no mínimo dois anos, de forma a desonerar o erário de qualquer pagamento referente à manutenção neste período.
§2º Após a data termo dos contratos vigentes relacionados à manutenção de equipamentos instalados, havendo renovação ou nova contratação, esta limitar-se-á ao valor de dois por cento mensais do custo médio atual dos equipamentos para a remuneração dos serviços necessários à manutenção e às aferições.
Art. 5º É permitido a título de remuneração pelos serviços necessários às aferições incumbidas aos órgãos oficiais, a contratação do fornecedor ou de prestador de serviços, o pagamento de até um por cento do valor do equipamento instalado por mês.
Art. 6º No caso de locação de equipamento controlador, o respectivo contrato deverá prever o local onde este deverá ser instalado, não sendo admitida relocação do equipamento sob o mesmo termo contratual.
Parágrafo único. O custo da locação é limitado em três por cento do valor médio do equipamento na data da contratação, não podendo o contrato estender por período superior a quarenta e oito meses, aceitos acréscimos de manutenção no limite preconizado no §3º do art. 2º, a partir do vigésimo quinto mês." (grifos nossos)

Em matéria de contratos administrativos, destaque para a ADI nº 3.533/DF, julgada pelo Pleno em 2 ago. 2006. A Lei distrital nº 3.596/2005 impôs, às empresas de telefonia fixa que operam no DF, a instalação de contadores de pulso em cada ponto de consumo, mas foi considerada inconstitucional por violação ao art. 22, IV, CF (competência privativa da União para legislar sobre telecomunicações). O argumento contrário, que não prevaleceu, é que o DF teria editado a lei em comento com fundamento no art. 24, V (competência concorrente em matéria de produção e consumo), e art. 175, parágrafo único, II, CF (atribui ao Poder Público competência para prestação de serviços públicos, na forma da lei, que disporá sobre os direitos dos usuários).

Outro precedente que merece relevo é a ADI nº 2.903/PB, julgada pelo Pleno em 1º dez. 2005, que envolve a Defensoria Pública. A competência na matéria é estabelecida pelos artigos 24, XIII, CF (competência concorrente para legislar em matéria de assistência jurídica e Defensoria Pública), e 134, §1º, CF (lei complementar editada pela União prescreverá normas gerais para organização da Defensoria Pública nos Estados-membros). Lei complementar do Estado da Paraíba estabeleceu critérios para investidura nos cargos de defensor público geral, de seu substituto e de corregedor-geral da defensoria pública, em dissonância com o disposto na norma geral (Lei Orgânica Nacional da Defensoria Pública). Colhe-se um trecho da ementa:

> Cotejo entre Lei Complementar Estadual e Lei Complementar Nacional – Inocorrência de ofensa meramente reflexa – A usurpação da competência legislativa, quando praticada por qualquer das pessoas estatais, qualifica-se como ato de transgressão constitucional. – *A Constituição da República, nos casos de competência concorrente (CF, art. 24), estabeleceu verdadeira situação de condomínio legislativo entre a União Federal, os Estados-membros e o Distrito Federal* (Raul Machado Horta, *Estudos de Direito Constitucional*, p. 366, item n. 2, 1995, Del Rey), daí resultando clara repartição vertical de competências normativas entre essas pessoas estatais, cabendo, à União, estabelecer normas gerais (CF, art. 24, §1º), e, aos Estados-membros e ao Distrito Federal, exercer competência suplementar (CF, art. 24, §2º). Doutrina. Precedentes. – Se é certo, de um lado, que, nas hipóteses referidas no art. 24 da Constituição, a União Federal não dispõe de poderes ilimitados que lhe permitam transpor o âmbito das normas gerais, para, assim, invadir, de modo inconstitucional, a esfera de competência normativa dos Estados-membros, não é menos exato, de outro, que o Estado-membro, em existindo normas gerais veiculadas em leis nacionais (como a Lei Orgânica Nacional da Defensoria Pública, consubstanciada na Lei Complementar nº 80/94), não pode ultrapassar os limites da competência meramente suplementar, pois, se tal ocorrer,

o diploma legislativo estadual incidirá, diretamente, no vício da inconstitucionalidade. A edição, por determinado Estado-membro, de lei que contrarie, frontalmente, critérios mínimos legitimamente veiculados, em sede de normas gerais, pela União Federal ofende, de modo direto, o texto da Carta Política. (grifos nossos)

Quanto ao tema de processo e procedimento administrativo, cuja competência encontra-se nos artigos 22, I e 24, XI, ambos da CF, merecem relevo dois julgamentos do STF: AgR no AI nº 210.068/SC, de 28 ago. 1998, julgado pela 2ª Turma, no qual ficou assentada que norma local não pode criar recurso no âmbito dos Juizados Especiais, porque a competência para tanto é privativa da União (direito processual), não estando abrangida pela competência concorrente do inciso XI do artigo 24 da Constituição Federal; ADI-MC nº 1.807/MT, julgada em 23 abr. 1998 pelo Tribunal Pleno, na qual foi concedida liminar para suspender aplicabilidade da lei estadual que, antes da Lei nº 9.099/95, outorgou competência aos juizados especiais, definindo os critérios de identificação das "causas cíveis de menor complexidade" e dos "crimes de menor potencial ofensivo" (art. 98, I, CF),[98] considerada pelo Pretório Excelso como matéria de Direito Processual, de competência legislativa privativa da União (art. 22, I), bem como afastou a aplicação do art. 24, X, CF diante da distinção conceitual entre os juizados especiais e os juizados de pequenas causas (cf. STF. ADI-MC nº 1.127/DF, 6 out. 1994, Tribunal Pleno).

Por fim, merece destaque a competência do art. 22, XX, CF (sistemas de consórcios e sorteios). Diversos Estados-membros editaram leis criando loterias e jogos de azar, porém o STF as considerou, todas, inconstitucionais, por considerar matéria constitucionalmente reservada, em caráter de absoluta privatividade, à União Federal, não se encaixando nem na competência concorrente do art. 24 (ADI nº 3.148/TO, 13 dez. 2006, Tribunal Pleno), nem na competência remanescente dos Estados-membros, prevista no art. 25, §1º, CF (ADI nº 3.293/MS, 13 dez. 2006, Tribunal Pleno).

---

[98] "Art. 98. A União, no Distrito Federal e nos Territórios, e os Estados criarão:
I - juizados especiais, providos por juízes togados, ou togados e leigos, competentes para a conciliação, o julgamento e a execução de causas cíveis de menor complexidade e infrações penais de menor potencial ofensivo, mediante os procedimentos oral e sumariíssimo, permitidos, nas hipóteses previstas em lei, a transação e o julgamento de recursos por turmas de juízes de primeiro grau."

4.3 Normas gerais em matéria de Direito Urbanístico

4.3.1 Urbanismo, urbanização e urbanificação

O Direito Urbanístico é uma disciplina jurídica relativamente nova e é fruto das transformações sociais que vêm ocorrendo nos últimos tempos em decorrência do processo de forte urbanização, entendido este como fenômeno de concentração populacional urbana em relação à população rural.

A acelerada urbanização brasileira, por sua vez, fez nascer uma série de problemas socioeconômicos, como: a carência de habitação e educação, o desemprego, a degradação ambiental, a ausência de segurança pública e os altos índices de criminalidade, a precariedade de saneamento básico, o colapso do sistema de transportes e os congestionamentos no trânsito, o aumento de processos erosivos, os assoreamentos dos rios e a impermeabilização do solo como fatores desencadeantes das inundações, a proliferação de habitações subnormais (*favelização*), a ocupação de áreas de proteção ambiental etc.

A solução desses problemas advém da intervenção do Poder Público, especialmente local (municipal ou distrital), ao procurar transformar o meio urbano, corrigindo as mazelas trazidas pela urbanização, cuja designação cunhada por Gaston Bardet, deve ser *urbanificação*, advertindo que esta é o remédio para aquela, que é o mal.[99]

O termo "urbanístico" vem de urbanismo, palavra que vem do latim *urbs*, que, por sua vez, significa cidade. O conceito de urbanismo é, portanto, estreitamente ligado à cidade e, mais do que isso, às necessidades do ser humano nas cidades, cujos habitantes são denominados, não por acaso, cidadãos.

Segundo as estimativas da ONU, em algum momento do ano de 2008, pela primeira vez na história do planeta terra o número de pessoas que vivem em áreas urbanas ultrapassou o de moradores do campo. O mesmo estudo aponta que todo o crescimento populacional do planeta ocorrerá praticamente nas cidades, nas quais viverão sete em cada dez pessoas em 2050. A atual migração para as cidades é de tal ordem que se pode dizer que o *homo sapiens* cedeu lugar ao *homo urbanus*, seu sucessor.

---

[99] BARDET. *L'urbanisme*, p. 5, nota 2.

4.3.2 Conceito e objeto

Direito Urbanístico, portanto, é conceituado como "um ramo do Direito Público que tem por objeto normas e atos que visam à harmonização das funções do meio ambiente urbano, na busca pela qualidade de vida da coletividade",[100] ou como o "conjunto de normas que têm por objeto organizar os espaços habitáveis, de modo a propiciar melhores condições de vida ao homem na comunidade",[101] ou ainda o "conjunto de técnicas, regras e instrumentos jurídicos, sistematizados e informados por princípios apropriados, que tenha por fim a disciplina do comportamento humano relacionado aos espaços habitáveis".[102]

O seu objeto é, por conseguinte, regular a atividade urbanística (planejamento urbano, uso e ocupação do solo urbano), a ordenação das cidades, embora também incida nas áreas rurais com relação às condições da vida humana, em todos os núcleos populacionais, da cidade e do campo. O seu papel foi traçado pela CF: implementar a política de desenvolvimento urbano, a qual tem por finalidade ordenar o pleno desenvolvimento das funções sociais da cidade e garantir o bem-estar de seus habitantes (art. 182, *caput*).

A ordem constitucional urbanística está assentada nos princípios da função social da propriedade, função social da cidade, planejamento participativo, justa distribuição dos ônus decorrentes da urbanização e gestão democrática da cidade.

Vários outros ramos do direito possuem estreitas conexões com Direito Urbanístico, com destaque para Direito Agrário, Civil e Ambiental. O Direito Agrário, cuja competência legislativa é privativa da União (art. 22, I, CF), tem como lei básica o Estatuto da Terra (Lei nº 4.504/64) e por objeto a execução da reforma agrária e promoção da política agrícola; o Direito Civil, com a mesma sistemática de competência legislativa, tem como lei básica do Código Civil (Lei nº 10.406/2002) e, dentre seus objetos, o direito das coisas (posse, propriedade e outros direitos reais), que abarca o direito de vizinhança e o direito de construir (ambos de ordem privada e disciplinam a construção e seus efeitos nas relações com confinantes); o Direito Ambiental, cuja competência legislativa é concorrente (art. 24, VI e VIII, CF), tem como lei básica a da Política Nacional do Meio Ambiente (Lei nº 6.938/81) e por objeto o

---

[100] DI SARNO. *Elementos de direito urbanístico*, p. 32.
[101] SILVA. *Curso de direito constitucional positivo*, p. 49.
[102] MOREIRA NETO. *Introdução ao direito ecológico e ao direito urbanístico*: instrumentos jurídicos para um futuro melhor, p. 56. Essa foi a primeira obra geral do tema publicada no Brasil, cuja 1ª edição data de 1975.

meio ambiente ("o conjunto de condições, leis, influências e interações de ordem física, química e biológica, que permite, abriga e rege a vida em todas as suas formas" – art. 3º, I); por fim, o Direito Urbanístico possui como lei básica o Estatuto da Cidade, Lei nº 10.257/2001, e como objeto, conforme salientado, ordenar os espaços habitáveis.

Quanto à competência para a criação de normas urbanísticas, cabe lembrar que as normas urbanísticas podem emanar de todos os entes federados, cada um no seu campo de atuação, o que não é sempre fácil de estabelecer.

Assim, a União tem competência constitucional para elaborar e executar planos nacionais e regionais de ordenação do território e de desenvolvimento econômico e social e instituir diretrizes para o desenvolvimento urbano, inclusive habitação, saneamento básico e transportes urbanos (art. 21, IX e XX).

É competência comum de todos os entes federados (art. 23):

> III - proteger os documentos, as obras e outros bens de valor histórico, artístico e cultural, os monumentos, as paisagens naturais notáveis e os sítios arqueológicos;
>
> IV - impedir a evasão, a destruição e a descaracterização de obras de arte e de outros bens de valor histórico, artístico ou cultural; (...)
>
> VI - proteger o meio ambiente e combater a poluição em qualquer de suas formas;
>
> VII - preservar as florestas, a fauna e a flora; (...)
>
> IX - promover programas de construção de moradias e a melhoria das condições habitacionais e de saneamento básico;
>
> X - combater as causas da pobreza e os fatores de marginalização, promovendo a integração social dos setores desfavorecidos; (...)
>
> XII - estabelecer e implantar política de educação para a segurança do trânsito.

O art. 24, inciso I, da Carta Constitucional, por sua vez, prescreve que compete à União, aos Estados e ao Distrito Federal legislar concorrentemente sobre direito tributário, financeiro, penitenciário, econômico e urbanístico, o que significa que a União tem competência para fazer normas gerais (§1º) e, obedecidas as normas gerais, os outros entes políticos legislam para si, de modo suplementar (§2º). No próprio art. 24, temos ainda a competência concorrente sobre matérias que tem interface com o direito urbanístico:

> VI - florestas, caça, pesca, fauna, conservação da natureza, defesa do solo e dos recursos naturais, proteção do meio ambiente e controle da poluição;

VII - proteção ao patrimônio histórico, cultural, artístico, turístico e paisagístico;

VIII - responsabilidade por dano ao meio ambiente, ao consumidor, a bens e direitos de valor artístico, estético, histórico, turístico e paisagístico.

Os Municípios ou o Distrito Federal possuem competência constitucional própria para estabelecer a política de desenvolvimento urbano, com o objetivo de ordenar o pleno desenvolvimento das funções sociais da cidade e garantir o bem-estar de seus habitantes (art. 182, *caput*) e para promover adequado ordenamento territorial, mediante planejamento e controle do uso, do parcelamento e da ocupação do solo urbano (art. 30, VII). Isso explica porque o papel dos entes locais é de grande importância em matéria de Direito Urbanístico.

Os Estados-membros, por sua vez, poderão, mediante lei complementar, instituir regiões metropolitanas, aglomerações urbanas e microrregiões, constituídas por agrupamentos de municípios limítrofes, para integrar a organização, o planejamento e a execução de funções públicas de interesse comum (§3º, art. 25, CF).[103]

O art. 3º do Estatuto da Cidade, repetindo alguns dispositivos constitucionais, prescreve que compete à União, entre outras atribuições de interesse da política urbana:

I - legislar sobre normas gerais de direito urbanístico (conforme art. 24, I, CF);

II - legislar sobre normas para a cooperação entre a União, os Estados, o Distrito Federal e os Municípios em relação à política urbana, tendo em vista o equilíbrio do desenvolvimento e do bem-estar em âmbito nacional (nos termos do art. 23, parágrafo único, CF);

III - promover, por iniciativa própria e em conjunto com os Estados, o Distrito Federal e os Municípios, programas de construção de moradias e a melhoria das condições habitacionais e de saneamento básico (vide art. 22, IX, CF);

IV - instituir diretrizes para o desenvolvimento urbano, inclusive habitação, saneamento básico e transportes urbanos (de acordo com o art. 21, XX, CF);

---

[103] "Contudo, mesmo tendo sido atribuída somente à instância estadual, a realização e viabilização destas formas de organização do território só existirão na justa medida em que os Municípios afetados queiram agir em conjunto" (DI SARNO. Competências urbanísticas (arts. 3º e 51). *In*: DALLARI; FERRAZ (Coord.). *Estatuto da cidade*: comentários à Lei federal 10.257/2001, p. 65-66). Em sentido contrário, cf. TEIXEIRA. *Região metropolitana*: instituição e gestão contemporânea: dimensão participativa, p. 107.

V - elaborar e executar planos nacionais e regionais de ordenação do território e de desenvolvimento econômico e social (repetição do art. 21, IX, CF).

4.3.3 Análise da jurisprudência

Por ocasião do julgamento da ADI nº 1.916/ES, ocorrido em 23 ago. 2001, o Pleno do STF estabeleceu que o art. 2º, *caput* e parágrafos 1º e 2º, da Lei nº 4.711/92, do Estado do Espírito Santo, invadiu competência privativa da União para legislar sobre direito civil (CF, art. 22, I) porque disciplinou estacionamento de veículos em áreas particulares. Na ementa do acórdão ficou assentado que "enquanto a União regula o direito de propriedade e estabelece as regras substantivas de intervenção no domínio econômico, os outros níveis de governo apenas exercem o policiamento administrativo do uso da propriedade e da atividade econômica dos particulares, tendo em vista, sempre, as normas substantivas editadas pela União". O dispositivo considerado inconstitucional é o seguinte:

> Art. 2º Às pessoas físicas e jurídicas que não tenham como empreendimento único e exclusivo o estacionamento comercial de veículos em suas dependências, fica expressamente vedada a cobrança de qualquer quantia pela utilização do mesmo por período igual ou inferior a 01 (uma) hora.
>
> §1º Da cobrança referida no "caput" deste artigo estará isento o usuário que, independentemente do período que utilize, no momento de saída das dependências do estacionamento, apresentar comprovante da efetiva utilização dos serviços ali prestados ou compra de produtos comercializados naquele estacionamento.
>
> §2º As condições previstas neste artigo, bem como o valor da taxa horária a ser cobrada deverão constar do Tíquete Padronizado a que se refere o artigo 3º desta Lei.

Difícil imaginar tal norma no Código Civil. Com a devida vênia ao respeitado entendimento dos doutos ministros do STF, a norma diz respeito ao Direito Urbanístico, podendo-se falar, ainda, em proteção ao consumidor, usuário dos serviços disponibilizados pelos comerciantes ou empreendedores.

Conquanto realmente seja difícil estabelecer o limite entre os diversos ramos do Direito aí envolvidos — não negamos esta dificuldade desde o começo — a norma impugnada guarda menos correlação com os aspectos privatísticos do direito de propriedade (uso, gozo e disposição da coisa) e muito mais com a função social da propriedade, núcleo do Direito Urbanístico, e a proteção ao consumidor, que se vê obrigado a estacionar seu veículo em um estabelecimento comercial (desde um *shopping center* até um hipermercado) ou por falta de estacionamentos gratuitos na via pública ou até mesmo por uma questão de segurança e comodidade. Ora, é razoável que, se essa não é a atividade exclusiva ou única do empresário ou comerciante e o consumidor estacionou seu veículo no local e efetuou gastos, não faça novo pagamento ao mesmo empreendedor, que, por exemplo, administra o *shopping center*. Além disso, parece correto, para a proteção do consumidor e porque toda propriedade deve cumprir sua função social, que a primeira hora de estacionamento não seja objeto de cobrança.

Não podemos esquecer, ainda, que a circulação é uma das funções urbanas e, portanto, a ordenação jurídica do sistema viário é objeto do Direito Urbanístico, também regido pelo princípio constitucional da função social da cidade (art. 182, *caput*).[104]

Pode-se argumentar ainda, que a norma impugnada invadiu competência para legislar sobre interesse local (art. 30, I, CF) ou até mesmo para estabelecer a política de desenvolvimento urbano, com o objetivo de ordenar o pleno desenvolvimento das funções sociais da cidade e garantir o bem-estar de seus habitantes (art. 182, *caput*, CF), ambas atribuídas aos Municípios ou ao Distrito Federal.

De qualquer forma, uma coisa parece certa: deslocar a disciplina de estacionamentos em imóveis comerciais para o campo do Direito Civil — e, por conseguinte, para o âmbito da competência privativa da União — é alargar demais o objeto desse ramo jurídico, ao ponto de imaginar que o Congresso Nacional teria competência para editar lei sobre como deve funcionar o estacionamento particular em área comercial em todos os 5.565 Municípios do País!

A par disso, merecem ainda destaques no STF duas decisões monocráticas.

A primeira, exarada em 12 fev. 2007, no RE nº 280.795/PR, pelo relator Min. Joaquim Barbosa, e a segunda, em 3 fev. 2006, no RE nº 280.867/PR, pelo relator Min. Celso de Mello. Em ambas se discutia se

---

[104] Desde o IV Congresso Internacional da Arquitetura Moderna (CIAM), realizado na Grécia em 1933, palco da edição da chamada *Carta de Atenas*, o urbanismo restou caracterizado como responsável por quatro funções básicas para o cidadão e a sociedade, quais sejam: a *habitação*, o *trabalho*, a *circulação* no espaço urbano e a *recreação* do corpo e do espírito, sob a inspiração dos trabalhos do arquiteto suíço Le Corbusier (1887-1965), que era, na verdade, o pseudônimo do arquiteto suíço Charles Edouard Jeanneret, considerado um dos pais da arquitetura moderna e criador do movimento conhecido como Purismo.

o Estado-membro pode legislar sobre uso do solo urbano no interesse da coletividade, sem ofensa à autonomia municipal. O fato é que Municípios paranaenses concederam alvarás de licença para edificação em área litorânea e o órgão estadual, Conselho de Desenvolvimento Territorial do Litoral Paranaense, embargou as obras. Os recursos extraordinários tiveram seu seguimento negado porque "a autonomia municipal para promover adequado ordenamento territorial, mediante planejamento e controle do uso, do parcelamento e da ocupação do solo urbano, deve ser exercida dentro dos limites das competências concorrentes da União e dos Estados para legislar sobre direito urbanístico" (RE nº 280.795/PR) ou porque "embora o Município tenha, nos termos do art. 30, I, CF, competência para legislar sobre assuntos de interesse local, o exercício de tal atribuição não pode contrariar as normas gerais editadas pela União Federal, nem tampouco as normas específicas expedidas pelo Estado-membro" (RE nº 280.867/PR).[105]

Ora, a crítica que se faz é no sentido de que a competência municipal não é meramente suplementar de normas gerais federais ou de normas estaduais, pois não são criadas com fundamento no art. 30, II, CF, já que se trata de competência própria que advém do texto constitucional (arts. 182 e 30, VIII), pois o Município é, no Brasil, um ente federado.[106]

4.4 Normas gerais em matéria de Direito Ambiental

4.4.1 Conceito e objeto

Miguel Reale, em sua conhecida Teoria Tridimensional sustenta, com acerto, que o Direito é a interação de três elementos indissociáveis: norma, fato e valor. Aplicando tal teoria ao Direito Ambiental, Paulo de Bessa Antunes esclarece:

> (...) o *fato* que se encontra à base do Direito Ambiental é a própria vida humana, que necessita de recursos ambientais para a sua reprodução, a excessiva utilização dos recursos naturais, o agravamento da poluição de origem industrial e tantas outras mazelas causadas pelo crescimento econômico desordenado, que fizeram com que tal realidade ganhasse uma repercussão extraordinária no mundo normativo do dever ser,

---

[105] O primeiro RE citado foi ajuizado contra acórdão do STJ (vide Ação Rescisória nº 25.286-0/PR, 1998, Rel. Min. Teori Albino Zavascki, julgado em 27 fev. 2008).
[106] Nesse sentido, cf. SILVA. *Direito urbanístico brasileiro*, p. 65.

refletindo-se na *norma* elaborada com a necessidade de estabelecer novos comandos e regras aptos a dar, de forma sistemática e orgânica, um novo e adequado tratamento ao fenômeno da deterioração do meio ambiente. O *valor* que sustenta a norma ambiental é o reflexo no mundo ético das preocupações com a própria necessidade de sobrevivência do Ser Humano e da manutenção das qualidades de salubridade do meio ambiente, com a conservação das espécies, a proteção das águas, do solo, das florestas, do ar e, enfim, de tudo aquilo que é essencial para a vida, isto para não se falar da crescente valorização da vida de animais selvagens e domésticos.[107]

Conforme já salientamos, o conceito de Direito Ambiental é intimamente ligado ao de meio ambiente ou simplesmente ambiente. É que, como ensina ainda Bessa Antunes, o Direito Ambiental se desdobra em três vertentes fundamentais, que são constituídas pelo direito *ao meio ambiente*, o direito *sobre o meio ambiente* e o direito *do meio ambiente*, esclarecendo ainda que, mais do que um ramo autônomo do Direito, é uma concepção de aplicação da ordem jurídica que penetra, transversalmente, em todos os ramos do Direito, com três dimensões diversas (ecológica, econômica e humana), que devem ser compreendidas harmonicamente.[108]

Paulo Affonso Leme Machado também destaca a transversalidade da disciplina ambiental:

> (...) o Direito Ambiental é um Direito sistematizador, que faz a articulação da legislação, da doutrina e da jurisprudência concernentes aos elementos que integram o ambiente. Procura evitar o isolamento dos temas ambientais e sua abordagem antagônica. Não se trata mais de construir um Direito das águas, um Direito da atmosfera, um Direito do solo, um Direito florestal, um Direito da fauna ou um Direito da biodiversidade. O Direito Ambiental não ignora o que cada matéria tem de específico, mas busca interligar estes temas com a argamassa da identidade dos instrumentos jurídicos de prevenção e de reparação, de informação, de monitoramento e de participação.[109]

O conceito de Direito Ambiental, portanto, tem como suporte fundamental o disposto no art. 225, *caput*, CF, que determina que "todos têm direito ao *meio ambiente* ecologicamente equilibrado, bem de uso comum do povo e essencial à sadia qualidade de vida, impondo-se

---

[107] ANTUNES. *Direito ambiental*, p. 5.
[108] ANTUNES. *Direito ambiental*, p. 11.
[109] MACHADO. *Direito ambiental brasileiro*, p. 54-55.

ao Poder Público e à coletividade o dever de defendê-lo e preservá-lo para as presentes e futuras gerações"; meio ambiente, por sua vez, é "o conjunto de condições, leis, influências e interações de ordem física, química e biológica, que permite, abriga e rege a vida em todas as suas formas" (art. 3º, I, Lei nº 6.938/81).[110]

Deste modo, "meio ambiente compreende o humano como parte de um conjunto de relações econômicas, sociais e políticas que se constroem a partir da apropriação dos bens naturais que, por serem submetidos à influência humana, transforma-se em recursos essenciais para a vida humana em quaisquer de seus aspectos".[111]

Como ensina Helita Barreira Custódio acerca da etimologia da expressão *meio ambiente*:

> (...) é oportuno esclarecer que os termos ali integrantes, em princípio, são de sentido harmônico, com significação complementar, tanto pela categoria gramatical como pela sua acepção própria. Enquanto *meio*, substantivo, do latim *medium* (meio, centro, espaço), significa "o meio" ou "o centro","a parte que se acha equidistante dos diversos pontos de periferia ou de qualquer ponto de uma área que não seja nos externos", "o espaço", "a superfície ou o lugar", com o *mesmo sentido próprio* na língua portuguesa, o termo *ambiente*, adjetivo, do latim *ambiens*, proveniente do particípio presente do verbo *ambire* (*andar ao redor, rodear, cercar por todas as partes*), significa "que rodeia", "que cerca" ou "que envolve os corpos de todos os lados", também, com a mesma acepção no idioma pátrio.[112]

4.4.2 Competências

No tocante à competência em matéria de Direito Ambiental, convém relembrar que a União tem competência legislativa privativa sobre (art. 22): "IV - águas, energia, informática, telecomunicações e radiodifusão; (...) XII - jazidas, minas, outros recursos minerais e metalurgia; (...) XXVI - atividades nucleares de qualquer natureza".

É competência comum da União, dos Estados, do Distrito Federal e dos Municípios (art. 23):

---

[110] José Afonso da Silva amplia esse conceito legal ao afirmar que o meio ambiente configura a "interação do conjunto de elementos naturais, artificiais e culturais que propiciem o desenvolvimento equilibrado da vida em todas as suas formas" (*Direito ambiental constitucional*, p. 42).
[111] ANTUNES. *Direito ambiental*, p. 9.
[112] CUSTÓDIO. *Responsabilidade civil por danos ao meio ambiente*, p. 360.

III - proteger os documentos, as obras e outros bens de valor histórico, artístico e cultural, os monumentos, as paisagens naturais notáveis e os sítios arqueológicos;

IV - impedir a evasão, a destruição e a descaracterização de obras de arte e de outros bens de valor histórico, artístico ou cultural; (...)

VI - proteger o meio ambiente e combater a poluição em qualquer de suas formas;

VII - preservar as florestas, a fauna e a flora; (...)

XI - registrar, acompanhar e fiscalizar as concessões de direitos de pesquisa e exploração de recursos hídricos e minerais em seus territórios.

Por fim, compete à União, aos Estados e ao Distrito Federal legislar concorrentemente sobre (art. 24):

VI - florestas, caça, pesca, fauna, conservação da natureza, defesa do solo e dos recursos naturais, proteção do meio ambiente e controle da poluição;

VII - proteção ao patrimônio histórico, cultural, artístico, turístico e paisagístico;

VIII - responsabilidade por dano ao meio ambiente, ao consumidor, a bens e direitos de valor artístico, estético, histórico, turístico e paisagístico.

Note-se que todas essas competências estão intimamente relacionadas com o meio ambiente e geram enorme dificuldade para o intérprete, diante da notória superposição legislativa.

Por isso, Vladimir Passos de Freitas afirma que "a prática vem revelando extrema dificuldade em separar a competência dos entes políticos nos casos concretos. Há — é inegável — disputa de poder entre órgãos ambientais, fazendo com que, normalmente, mais de um atribua a si a mesma competência legislativa e material".[113]

Há que se afastar a ideia sem qualquer base legal ou constitucional que sustenta a aplicação da norma mais restrita, ou seja, aquela que, em tese, mais protegeria o meio ambiente. Não bastasse a dificuldade de, diante de diversos casos concretos, estabelecer qual é a norma mais

---

[113] FREITAS. *A Constituição Federal e a efetividade das normas ambientais*, p. 80. Nesse sentido, Paulo Affonso Leme Machado sustenta a inconstitucionalidade de alguns artigos da Resolução 237/97 do CONAMA – Conselho Nacional do Meio Ambiente, que partilhou competência ambiental administrativa (*Direito ambiental brasileiro*, p. 115). No mesmo sentido, TRF 4ª Região. Apelação em Mandado de Segurança nº 2000.04.01.118497-8/RS, 3ª Turma, Rel. Desa. Luiza Dias Cassales, julgado em 9 out. 2001, *DJ*, p. 902, 14 nov. 2001.

restrita, a CF, em nenhum momento, adotou tal critério. Assim, perfeita é a observação de Paulo de Bessa Antunes: "pouco importa que uma lei seja mais restritiva e, apenas para argumentar, seja mais benéfica para o meio ambiente, se o ente político que a produziu não é dotado de competência para produzi-la".[114]

Em sentido contrário, o ilustre promotor público do DF Paulo José de Farias Leite sustenta:

> (...) pelos já citados §§1º e 4º do art. 24, pelo art. 225 da Constituição, bem como pela indefinição do que seja norma especial, deve-se, *fortiori ratione*, fixar como diretriz exegética que os eventuais conflitos, nos quais a noção de norma geral e especial não seja suficiente, devem ser resolvidos pela prevalência da norma que melhor defenda o direito fundamental tutelado, por tratar-se de preceito constitucional (lei nacional) que se impõe à ordem jurídica central ou regional (*in dubio pro natura*). Assim, o princípio *in dubio pro natura* deve constituir um princípio inspirador da interpretação. Isto significa que, nos casos em que não for possível uma interpretação unívoca, a escolha deve recair sobre a interpretação mais favorável ao meio ambiente. Fica assim solucionado o conflito em função da maior restritividade da legislação federal ou estadual, caso não se possa distinguir com clareza que se trata de normas específicas ou gerais (...). Assim, teleologicamente, assegura-se a possibilidade de norma estadual estabelecer proibições, onde a lei federal permita, bem como que a lei federal estabeleça patamares mínimos de proteção ambiental a serem observados em todo o País, dando-se efetividade à proteção ambiental e ao desenvolvimento auto-sustentável.[115]

A doutrina ambientalista tem entendimentos assemelhados acerca das normas gerais sobre Direito Ambiental.

Segundo Álvaro Luiz Valery Mirra, norma geral é aquela vinculada ao interesse geral e cuja regulamentação seja necessária em face de uma determinada região ou em face de todo o território nacional.[116] Esse mesmo autor argumenta que tendo em vista a relação de interdependência entre os inúmeros elementos que compõem o meio ambiente, em virtude da qual uma ruptura localizada de um determinado sistema ambiental pode levar à desorganização de outros sistemas ambientais muito além dos limites territoriais do Município, Estado ou região onde se verificou a ocorrência inicial.

---

[114] ANTUNES. *Direito ambiental*, p. 90.
[115] FARIAS. *Competência federativa e proteção ambiental*, p. 356.
[116] MIRRA. *Impacto ambiental*: aspectos da legislação brasileira, p. 61-63.

Vladimir Passos de Freitas defende que a norma geral não precisa se dirigir a todo o território nacional e sim a apenas uma parcela significativa dele, embora seja necessário que a norma geral regule de forma ampla a matéria.[117] O autor referido cita a hipótese de uma norma de proteção da região amazônica, que não poderia ser considerada norma geral porque abarca somente uma determinada parte do país, mas que deverá sê-lo porque a selva amazônica tem uma importância especial para o povo brasileiro, seja do ponto de vista cultural, econômico ou de segurança.

Já para o professor Paulo Affonso Leme Machado não é necessário que a norma geral abarque todo o território brasileiro, podendo abranger apenas um único ecossistema, uma única bacia hidrográfica ou uma única espécie animal ou vegetal.[118] Afirma ainda que a União deve inserir nas normas gerais os tratados e convenções internacionais ratificados, como também guardar fidelidade à Constituição.

4.4.3 Análise da jurisprudência

Por ocasião do julgamento da ADI nº 3.338/DF, ocorrido em 31 ago. 2005, o Pleno do STF analisou lei editada pelo DF que instituiu programa de inspeção e manutenção de veículos em uso. De um lado a alegação de violação da competência privativa da União para legislar sobre trânsito e transporte (art. 22, XI, CF) e de outro a defesa da constitucionalidade da lei com fundamento na competência comum para proteger o meio ambiente e combater a poluição em qualquer de suas formas (art. 23, VI, CF). Como o ato normativo impugnado dispôs sobre serviços públicos necessários à proteção do meio ambiente por meio do controle de gases poluentes emitidos pela frota de veículos do Distrito Federal, o Tribunal julgou improcedente o pedido. No entanto, a competência prevista no art. 23 da Carta Constitucional enseja, ao menos em princípio, apenas competência material, executiva ou administrativa. Assim, a nosso ver e a despeito da decisão exarada pela Suprema Corte, o DF exerceu sua competência legislativa concorrente prevista no art. 24, VI, CF (proteção do meio ambiente e controle da poluição). De resto, consideramos acertada a decisão pois privilegia o pacto federativo.

---

[117] Cf. FREITAS. *A Constituição Federal e a efetividade das normas ambientais*. 3. ed.
[118] Cf. MACHADO. *Direito ambiental brasileiro*.

O Estado do Mato Grosso do Sul editou a Lei nº 2.210/2001 que determinar a proibição de fabricação, ingresso, comercialização e estocagem de amianto ou de produtos à base de amianto, destinados à construção civil no âmbito daquela unidade federativa. Acontece que a Lei federal nº 9.055/95 dispôs extensamente sobre todos os aspectos que dizem respeito à produção e aproveitamento industrial, transporte e comercialização do amianto crisotila e por isso o STF, na ADI nº 2.396/MS (de 8 maio 2003), julgou parcialmente procedente o pedido e declarou inconstitucionais vários dispositivos da lei estadual por invasão da competência legislativa concorrente da União para editar normas gerais referentes à produção e consumo, à proteção do meio ambiente e controle da poluição e à proteção e defesa da saúde, previstas no art. 24, incisos, V, VI e XII, CF, respectivamente. Naquela ocasião ficou assentado que "a legislação impugnada foge, e muito, do que corresponde à legislação suplementar, da qual se espera que preencha vazios ou lacunas deixados pela legislação federal, não que venha a dispor em diametral objeção a esta".

Por fim, o Estado do Rio de Janeiro editou a Lei nº 2.702/97 tratando do meio ambiente do trabalho, criando normas de segurança e higiene, bem como determinando a fiscalização do local de trabalho por autoridade estadual, com imposição de multa pelo descumprimento das normas, tudo com fundamento no art. 24, VI, CF (competência concorrente para proteção do meio ambiente). A despeito disso e de farta doutrina que divide meio ambiente em físico, cultural, artificial e do trabalho, o STF considerou, na ADI 1893-RJ (de 12 maio 2004) que a lei estadual invadiu competência da União para organizar, manter e executar a inspeção do trabalho (art. 21, XXIV) e legislar sobre direito do trabalho (art. 22, I, CF).

4.5 Normas gerais em matéria de Direito Educacional

4.5.1 Conceito e objeto

A CF/88 deu amplo tratamento à educação e ao ensino, incluindo a primeira no rol dos direitos sociais elencados no art. 6º. Além disso, afirma que a educação é uma das necessidades vitais básicas que o salário mínimo deve atender (art. 7º, IV). Pensando no professor, um dos encarregados da educação e o incumbido do ensino, a CF reduz em cinco anos os requisitos de idade e de tempo de contribuição para fins de aposentação para o educador que comprove exclusivamente tempo de efetivo exercício das funções de magistério na educação infantil e no ensino fundamental e médio, tanto para o servidor público (art. 40, §5º) quanto para o docente particular (art. 201, §8º). Há, ainda, imunidade tributária prevista no art. 150, VI, "c", CF, que consiste em proibir ao Poder Público instituir imposto sobre patrimônio, renda ou serviços das instituições de educação.

No capítulo referente à educação, o constituinte originário reafirmou que ela é direito de todos e dever do Estado e da família, bem como será promovida e incentivada com a colaboração da sociedade, visando ao pleno desenvolvimento da pessoa, seu preparo para o exercício da cidadania e sua qualificação para o trabalho (art. 205). A educação aparece ainda dentre os direitos assegurados à criança e ao adolescente, que tem absoluta prioridade (art. 227). Ademais, para garantia do direito ao meio ambiente ecologicamente equilibrado, o Poder Público deverá promover a educação ambiental em todos os níveis de ensino e a conscientização pública para a preservação do meio ambiente (art. 225, §1º, VI).

O art. 214 da CF, com a redação dada pela EC 59/2009, prescreve que a lei estabelecerá o plano nacional de educação, de duração decenal, com o objetivo de articular o sistema nacional de educação em regime de colaboração e definir diretrizes, objetivos, metas e estratégias de implementação para assegurar a manutenção e desenvolvimento do ensino em seus diversos níveis, etapas e modalidades por meio de ações integradas dos poderes públicos das diferentes esferas federativas que conduzam a:

I - erradicação do analfabetismo;
II - universalização do atendimento escolar;
III - melhoria da qualidade do ensino;
IV - formação para o trabalho;
V - promoção humanística, científica e tecnológica do País;
VI - estabelecimento de meta de aplicação de recursos públicos em educação como proporção do produto interno bruto.

Tal é a Lei nº 9.394/96, conhecida como Lei de Diretrizes e Bases da Educação Nacional.

O dever do Estado com a educação será efetivado mediante a garantia de (art. 208):

I - educação básica obrigatória e gratuita dos quatro aos 17 anos de idade, assegurada inclusive sua oferta gratuita para todos os que a ela não tiveram acesso na idade própria (*redação dada pela EC nº 59/2009*, que prescreve que tal obrigação deverá ser implementada progressivamente, até 2016, nos termos do Plano Nacional de Educação, com apoio técnico e financeiro da União);

II - progressiva universalização do ensino médio gratuito (*redação dada pela EC nº 14/96*);

III - atendimento educacional especializado aos portadores de deficiência, preferencialmente na rede regular de ensino;

IV - educação infantil, em creche e pré-escola, às crianças até cinco anos de idade (*redação dada pela EC nº 53/2006*);

V - acesso aos níveis mais elevados do ensino, da pesquisa e da criação artística, segundo a capacidade de cada um;

VI - oferta de ensino noturno regular, adequado às condições do educando;

VII - atendimento ao educando, em todas as etapas da educação básica, por meio de programas suplementares de material didático-escolar, transporte, alimentação e assistência à saúde (redação dada pela EC nº 59/2009).

A CF também privilegia o processo ensino-apredizagem como núcleo central gerador das relações educacionais, pois elenca os princípios que regem o ensino brasileiro (art. 206):[119]

I - igualdade de condições para o acesso e permanência na escola;

II - liberdade de aprender, ensinar, pesquisar e divulgar o pensamento, a arte e o saber;

III - pluralismo de ideias e de concepções pedagógicas, e coexistência de instituições públicas e privadas de ensino;

IV - gratuidade do ensino público em estabelecimentos oficiais;

V - valorização dos profissionais da educação escolar, garantidos, na forma da lei, planos de carreira, com ingresso exclusivamente por concurso público de provas e títulos, aos das redes públicas (*redação dada pela EC nº 53/2006*);

VI - gestão democrática do ensino público, na forma da lei;

VII - garantia de padrão de qualidade;

VIII - piso salarial profissional nacional para os profissionais da educação escolar pública, nos termos de lei federal[120] (*incluído pela EC nº 53/2006*).

---

[119] "O processo ensino-aprendizagem está para o direito educacional como a relação de emprego caracteriza o direito do trabalho" (BOAVENTURA. *A educação brasileira e o direito*: conforme Lei n. 9394/96: Lei de Diretrizes e Bases da Educação Nacional, p. 30).

[120] Trata-se da Lei nº 11.738, de 16 jul. 2008, que foi objeto da ADI-MC 4167, ajuizada por cinco governadores de Estados-membros e julgada em 17 dez. 2008, ocasião em que os ministros definiram que o termo "piso" a que se refere a lei em seu art. 2º deve ser entendido como a remuneração mínima a ser recebida pelos professores, ou seja, até que o STF analise a constitucionalidade da norma, na decisão de mérito, os professores das escolas públicas terão a garantia de não ganhar abaixo de R$950,00, somados o vencimento básico e as gratificações e vantagens pessoais.

Classificado como serviço público *não privativo* do Estado, a educação também pode ser desempenhada pelo particular, em um regime de livre iniciativa, desde que atendidas as seguintes condições (art. 209):
I - cumprimento das normas gerais da educação nacional; e
II - autorização e avaliação de qualidade pelo Poder Público.

Às universidades é garantida autonomia didático-científica, administrativa e de gestão financeira e patrimonial, devendo obedecer ao princípio de indissociabilidade entre ensino, pesquisa e extensão (art. 207, CF).

A CF cria, no art. 212, um sistema de vinculação de receitas na manutenção e desenvolvimento do ensino, determinando que a União aplicará, anualmente, nunca menos de dezoito, e os Estados, o Distrito Federal e os Municípios vinte e cinco por cento, no mínimo, da receita resultante de impostos, compreendida a proveniente de transferências. Note-se que a falta de aplicação do mínimo exigido é hipótese que autoriza intervenção da União nos Estados ou Distrito Federal (art. 34, VII, "e") ou dos Estados-membros em seus Municípios (art. 35, III).

Os recursos públicos em matéria de ensino serão destinados às escolas públicas, podendo ser dirigidos a escolas comunitárias, confessionais ou filantrópicas, definidas em lei:

I - comprovem finalidade não lucrativa e apliquem seus excedentes financeiros em educação;
II - assegurem a destinação de seu patrimônio a outra escola comunitária, filantrópica ou confessional, ou ao Poder Público, no caso de encerramento de suas atividades (art. 213, CF).

O art. 218, §5º, da Carta Constitucional faculta aos Estados e ao Distrito Federal vincular parcela de sua receita orçamentária a entidades públicas de fomento ao ensino e à pesquisa científica e tecnológica.

A preocupação com o financiamento do sistema público de ensino levou a criação do Fundo de Manutenção e Desenvolvimento da Educação Básica e de Valorização dos Profissionais da Educação (FUNDEB), com duração prevista até o ano de 2020 e destinado a propiciar uma remuneração condigna dos trabalhadores da educação (art. 60, ADCT, EC nº 53/2006). Foi criado também o Fundo de Combate e Erradicação da Pobreza, instituído para vigorar até o ano de 2010, no âmbito do Poder Executivo Federal, regulado pela LC e tem com o objetivo de viabilizar a todos os brasileiros acesso a níveis dignos de subsistência, cujos recursos serão aplicados em ações suplementares de nutrição, habitação, *educação*, saúde, reforço de renda familiar e outros programas de relevante interesse social voltados para melhoria da qualidade de vida (art. 79, ADCT, incluído pela EC nº 31/2000).

Deste modo, Renato Alberto Teodoro Di Dio, professor da USP e um dos precursores do Direito Educacional brasileiro, afirma:

> Direito Educacional é o conjunto de normas, princípios, leis e regulamentos que versam sobre as relações de alunos, professores, administradores, especialistas e técnicos, enquanto envolvidos, mediata ou imediatamente, no processo ensino-aprendizagem.[121]

Aurélio Wander Bastos apresenta tanto o conceito de direito educacional como seu alcance:

> (...) os estudos jurídicos sobre legislação do ensino e suas práticas administrativas, assim como sobre a hermenêutica de seus propósitos, classificam-se no vasto âmbito do Direito Educacional, uma das mais significativas áreas do conhecimento jurídico moderno. O Direito Educacional estuda as origens e os fundamentos sociais e políticos dos currículos, programas e métodos de ensino e avaliação.[122]

4.5.2 Competências

Como ocorre em matéria de Direito Ambiental, é fácil perceber que as competências constitucionais em matéria de Direito Educacional estão sobrepostas, havendo enorme dificuldade para o jurista estabelecer os limites de atuação de cada ente federado.

Assim, o art. 23 estabelece competência comum da União, dos Estados, do Distrito Federal e dos Municípios: "V - proporcionar os meios de acesso à cultura, à educação e à ciência; (...) XII - estabelecer e implantar política de educação para a segurança do trânsito".

Já o art. 22 prescreve competência privativa para União legislar sobre diretrizes e bases da educação nacional (inciso XXIV); o art. 24 atribui competência legislativa concorrente à União, aos Estados e ao Distrito Federal sobre educação, cultura, ensino e desporto (inciso IX); e o art. 30 atribui aos Municípios competência para manter, com a cooperação técnica e financeira da União e do Estado, programas de educação infantil e de ensino fundamental (inciso VI, com redação dada pela EC nº 53/2006).

A fim de implementar o federalismo cooperativo, o art. 211 da CF determina que a União, os Estados, o Distrito Federal e os Municípios organizarão em regime de colaboração seus sistemas de ensino. Cabe

---

[121] DI DIO. *Contribuição à sistematização do direito educacional*, p. 24.
[122] BASTOS. *O ensino jurídico no Brasil*, p. XI.

à União organizar o sistema federal de ensino e o dos Territórios, bem como financiar as instituições de ensino públicas federais e exercer, em matéria educacional, função redistributiva e supletiva, de forma a garantir equalização de oportunidades educacionais e padrão mínimo de qualidade do ensino mediante assistência técnica e financeira aos Estados, ao Distrito Federal e aos Municípios (§1º, com redação dada pela EC nº 14/96); os Municípios deverão atuar prioritariamente no ensino fundamental e na educação infantil (§2º, com redação dada pela EC nº 14/96); os Estados e o Distrito Federal atuarão prioritariamente no ensino fundamental e médio (§3º, incluído pela EC nº 14/96); na organização de seus sistemas de ensino, a União, os Estados, o Distrito Federal e os Municípios definirão formas de colaboração, de modo a assegurar a universalização do ensino obrigatório (§4º, incluído pela EC nº 14/96 e com redação atual pela EC nº 59/2009); por fim, a educação básica pública atenderá prioritariamente ao ensino regular (§5º, incluído pela EC nº 53/2006).

4.5.3 Análise da jurisprudência

Elevado pelo escopo de implementar a integração latino-americana e oferecer uma educação de qualidade, o DF editou a Lei nº 3.694/2005, que trata da oferta de língua espanhola aos alunos das escolas públicas do DF, em obediência ao art. 235, §1º da Lei Orgânica do Distrito Federal: "a língua espanhola poderá constar como opção de língua estrangeira de todas as séries do primeiro e segundo graus da rede pública de ensino, tendo em vista o que estabelece a Constituição Federal em seu art. 4º, parágrafo único", que por sua vez, estabelece que "a República Federativa do Brasil buscará a integração econômica, política, social e cultural dos povos da América Latina, visando à formação de uma comunidade latino-americana de nações". A norma foi questionada no STF através da ADI nº 3.669/DF, julgada improcedente em 18 jun. 2007 pelo Tribunal Pleno, ocasião em que foi reafirmada a competência concorrente entre a União, que define as normas gerais e os entes estaduais e Distrito Federal, que fixam as especificidades, os modos e meios de cumprir o quanto estabelecido no art. 24, inciso IX, CF, ou seja, para legislar sobre educação. Ficou assentado ainda que o art. 22, inciso XXIV, CF, enfatiza a competência privativa do legislador nacional para definir as diretrizes e bases da educação nacional, deixando as singularidades no âmbito de competência dos Estados e do Distrito Federal.

Outra lei do Distrito Federal, Lei nº 1.516/97, já havia incluído a disciplina de formação para o trânsito nos currículos do primeiro e segundo graus de ensino na Rede Pública do Distrito Federal, porém o art. 3º desta lei dispensou os alunos que tivesse obtido aprovação nesta disciplina do exame teórico para obtenção da CNH, na categoria amador. No julgamento da ADI nº 1.991/DF, ocorrido em 3 nov. 2004, o Pleno do STF julgou parcialmente procedente o pedido e declarou inconstitucional o referido art. 3º por invasão da competência legislativa privativa da União em matéria de trânsito e transporte (art. 22, XI, CF); o pedido, porém, foi julgado improcedente quanto parte da lei impugnada que incluiu a disciplina de formação de trânsito nos currículos escolares, porque, a par da constitucional competência privativa da União para legislar sobre as diretrizes e bases da educação (artigo 22, XXIV), a sua regulamentação está compreendida na competência concorrente (artigo 24, IX) e na competência comum (artigo 23, V).

Mais uma lei do Distrito Federal em matéria de educação está com a vigência suspensa cautelarmente até o julgamento de mérito da ADI nº 2.667/DF, uma vez que o Pleno do STF, por ocasião da análise da medida cautelar em 19 jun. 2002, deferiu à unanimidade a liminar para suspender, com eficácia *ex tunc*, a execução e a aplicabilidade da Lei nº 2.921/2002, que dispõe sobre a emissão de certificado de conclusão do curso e que autoriza o fornecimento de histórico escolar para alunos da terceira série do ensino médio que comprovassem aprovação em vestibular para ingresso em curso de nível superior. O Tribunal considerou que a lei distrital usurpou competência legislativa outorgada à União Federal pela CF porque se desviou da norma geral estabelecida. Interessante notar que neste julgamento ficou assentado que a norma impugnada não observou padrões mínimos de razoabilidade, que devem ser aferidos para efeito de verificação de sua validade material, em estrita consonância com os padrões fundados no princípio da proporcionalidade, pois todos os atos emanados do Poder Público devem ajustar-se à cláusula que consagra, em sua dimensão material, o princípio do *substantive due process of law*.

A Lei paulista nº 10.860/2001 estabelecia requisitos para criação, autorização de funcionamento, avaliação e reconhecimento dos cursos de graduação na área da saúde, das instituições públicas e privadas de educação superior. Questionada na ADI nº 3.098/SP, julgada pelo Pleno em 24 nov. 2005, o Tribunal a considerou inconstitucional por ferir a norma geral, fixada pela União através da Lei nº 9.394/96, Lei de Diretrizes e Bases da Educação. Ficou consignado no julgamento que o Estado-membro possui competência legislativa concorrente não cumulativa ou suplementar, prevista no §2º do art. 24, CF, hipótese que apenas é possível preencher os vazios da lei federal de normas gerais, a fim de afeiçoá-la às peculiaridades locais, e não afrontar a CF (art. 22, XXIV, e art. 24, IX, §2º e §3º, III).

A Lei nº 9.164/95 do Estado de São Paulo dispõe sobre ensino de educação artística nas escolas públicas estaduais e seu §1º, do art. 1º foi declarado inconstitucional na ADI nº 1.399/SP (julgada em 3 mar. 2004) porque exigiu que o ensino da arte fosse ministrado apenas por professor com formação específica, o que contraria a norma geral, a antiga Lei de Diretrizes e Bases da Educação Nacional – LDB (art. 7º, Lei nº 5.692/71), que não fazia tal exigência. A questão aqui é saber se tal norma pode ser enquadrada no conceito de *normas gerais*, algo que me parece bastante discutível. A norma em tela não fixa um princípio ou critério básico da educação, exaure o assunto porque faz exigência mais rígida do que a da LDB (atuando de modo suplementar) e, finalmente, não pode ser aplicada uniformemente em todo o país, pois existem enormes desigualdades regionais no tocante à oferta de profissionais de ensino, especialmente se comparados os Estados do Sudeste e da Região Norte, por exemplo. Aliás, no referido julgamento os ilustres ministros Marco Aurélio e Carlos Ayres Britto restaram vencidos porque entenderam que o Estado-membro estava utilizando, corretamente, da competência concorrente para legislar sobre educação, ensino, cultura e desporto (art. 24, IX, CF), enquanto a maioria dos ministros entendeu que a norma impugnada atentou contra competência privativa da União para legislar sobre diretrizes e bases da educação nacional (art. 22, XXIV, CF).

A Lei nº 10.989/93, do Estado de Pernambuco, a pretexto de legislar concorrentemente sobre educação, fixou data de vencimento das mensalidades escolares e por isso foi considerada inconstitucional pela ADI nº 1.007/PE, julgada em 31 ago. 2005 pelo Pleno do STF, que considerou a matéria abrangida pelo Direito Civil (contratos) e, portanto, de competência privativa da União (art. 22, I, CF). A despeito disso, entendemos que a matéria não é nem abrangida pelo Direito Educacional e muito menos pelo Direito Civil, mas sim trata de Direito do Consumidor, uma vez que estabelece regras em um contrato de prestação de serviços educacionais pela rede privada, cuja relação jurídica é tipicamente de consumo.

Por outro lado, a Lei nº 6.584/94 do Estado da Bahia, que dispõe sobre adoção de material escolar e livros didáticos pelos estabelecimentos particulares de ensino daquele Estado-membro, foi questionada através da ADI nº 1.266/BA, julgada improcedente pelo Pleno do STF em 6 abr. 2005, uma vez que, tratando-se de serviço público, incumbe às entidades educacionais particulares, na sua prestação, rigorosamente acatar as normas gerais de educação nacional e as dispostas pelo Estado-membro, no exercício de competência legislativa suplementar (art. 24, §2º, CF). Por fim, a ADI nº 682/PR foi julgada improcedente pelo Pleno em 8 mar. 2007 porque considerou constitucional a Lei estadual nº 9.346/90, que faculta a matrícula escolar antecipada de crianças que venham a completar seis anos de idade até o final do ano letivo de matrícula, desde que preenchidos determinados requisitos. A Egrégia Corte considerou que o Estado do Paraná utilizou de sua competência concorrente para legislar sobre educação (art. 24, IX e §2º, CF), que à época da edição da lei estadual estava presente na norma geral editada pela União.

4.6 Normas gerais em matéria de Direito Tributário

4.6.1 Breve histórico

No direito pátrio, antes mesmo de previsão constitucional que atribuísse competência à União para legislar sobre normas gerais de Direito Tributário, esta já assumia esse papel, oferecendo soluções aos conflitos entre os Estados e/ou Municípios.

Os primeiros veículos introdutórios de normas gerais de Direito Tributário foram os decretos nº 915, de 1º dez. 1938, e nº 1.061, de 20 jan. 1939.

O advento de Emenda à Constituição de 1946, apresentada por Aliomar Baleeiro, trouxe ao ordenamento constitucional brasileiro a previsão expressa da competência da União para legislar sobre normas gerais de direito financeiro (art. 5º, XV, "b"). Como o direito tributário era reconhecido, à época, como ramo do direito financeiro, tal competência era estendida para dar suporte às normas gerais de direito tributário.

No entanto, a Carta Magna de 1967, com a redação dada pela Emenda Constitucional nº 1/69, modificou substancialmente essa sistemática ao conferir tratamento distinto para as normas gerais de Direito Financeiro — previsto no art. 8º, XVII, "c" — e normas gerais de Direito Tributário — encartadas no art. 18, §1º — especialmente porque a Constituição Federal estabelecia a exigência de que a veiculação, nesta última espécie, fosse por meio de lei complementar.

4.6.2 Conceito e objeto

O Direito Tributário é "o ramo do Direito que se ocupa das relações entre o fisco e as pessoas sujeitas a imposições tributárias de qualquer espécie, limitando o poder de tributar e protegendo o cidadão contra os abusos desse poder", nos exatos dizeres de Hugo de Brito Machado. Esclarece, ainda, o referido autor:

> (...) o Direito Tributário existe para delimitar o poder de tributar, transformando a relação tributária, que antigamente foi uma relação simplesmente de poder, em relação jurídica. A finalidade essencial do Direito Tributário, portanto, não é a arrecadação do tributo, até porque esta sempre aconteceu, e acontece, independentemente da existência daquele. O Direito Tributário surgiu para delimitar o poder de tributar e evitar os abusos no exercício deste.[123]

Rubens Gomes de Sousa apresenta um conceito mais tradicional deste ramo do Direito:

> Direito Tributário é o ramo do direito público que rege as relações jurídicas entre o Estado e os particulares decorrentes da atividade financeira do Estado, no que se refere à obtenção de receitas que correspondam ao conceito de tributos.[124]

Por fim, trago à colação o conceito apresentado por Paulo de Barros Carvalho, para quem "o direito tributário positivo é o ramo didaticamente autônomo de direito, integrado pelo conjunto das proposições jurídico-normativas que correspondam, direta ou indiretamente, à instituição, arrecadação e fiscalização de tributos". No tocante ao objeto, no entanto, o ilustre tributarista e professor da PUC/SP esclarece:

> (...) não se pode estabelecer fronteiras que isolem o campo das normas jurídico-tributárias, pois não existe aquela que, imediata ou mediatamente, deixe de interessar ao estudo do Direito Tributário. Sejam as normas conhecidas como de natureza comercial, civil, processual, constitucional, trabalhista etc., a verdade é que a existência de determinada relação jurídica pode buscar seu fundamento em qualquer dessas prescrições, atraindo-a para o terreno de estudo que se dispõe a analisar a instauração daquele vínculo... Com instituição, arrecadação e fiscalização de tributos queremos abraçar não só o nascimento, a vida e a extinção das relações jurídico-tributárias como também momento anteriores ao surgimento daqueles liames, quando existem apenas meros princípios a serem observados no processo de elaboração legislativa ou, ainda, sempre que tais laços vierem a ser objeto de qualquer indagação de caráter jurídico, conquanto já extintos.[125]

---

[123] MACHADO. *Curso de direito tributário*, p. 52-53.
[124] Cf. SOUSA. *Compêndio de legislação tributária*.
[125] Cf. CARVALHO. *Curso de direito tributário*.

Dos conceitos e das explicações transcritas, é fácil perceber que o núcleo central do Direito Tributário gira em torno da noção de tributo. Ou, nas sábias palavras de Geraldo Ataliba, "o direito tributário se forma em torno do conceito de tributo (que é constitucionalmente pressuposto)", conceituando tributo como "obrigação jurídica pecuniária, *ex lege*, que se não constitui em sanção por ato ilícito, cujo sujeito ativo é uma pessoa pública (ou delegado por lei desta), e cujo sujeito passivo é alguém nessa situação posto pela vontade da lei, obedecidos os desígnios constitucionais (explícitos ou implícitos)".[126]

O art. 3º do CTN prescreve que "tributo é toda prestação pecuniária compulsória, em moeda ou cujo valor nela se possa exprimir, que não constitua sanção de ato ilícito, instituída em lei e cobrada mediante atividade administrativa plenamente vinculada".

Deste modo, o art. 145 da CF e o art. 5º do CTN indicam que são três as espécies do gênero tributo, quais sejam, os impostos, as taxas e as contribuições de melhoria. No entanto, com base no art. 217 do CTN e nos arts. 148 e 149 da Lei Maior, inúmeros doutrinadores têm considerado e empréstimo compulsório e as contribuições sociais como espécies do gênero tributo.

4.6.3 Doutrinas sobre normas gerais de direito tributário

Pretendemos apresentar as duas principais correntes que, fincando posições antagônicas, interpretaram os dispositivos constitucionais acerca do assunto tratado e, com isso, buscaram identificar as diferentes funções atribuídas à lei complementar prevista no art. 18, §1º, da Constituição anterior e o art. 146 da atual Carta Maior, que estabelece:

> Art. 146. Cabe à lei complementar:
>
> I - dispor sobre conflitos de competência, em matéria tributária, entre a União, os Estados, o Distrito Federal e os Municípios;
>
> II - regular as limitações constitucionais ao poder de tributar;
>
> III - estabelecer normas gerais em matéria de legislação tributária, especialmente sobre:
>
> a) definição de tributos e de suas espécies, bem como, em relação aos impostos discriminados nesta Constituição, a dos respectivos fatos geradores, bases de cálculo e contribuintes;
>
> b) obrigação, lançamento, crédito, prescrição e decadência tributários;
>
> c) adequado tratamento tributário ao ato cooperativo praticado pelas sociedades cooperativas.

---
[126]Cf. ATALIBA. *Hipótese de incidência tributária*.

d) definição de tratamento diferenciado e favorecido para as microempresas e para as empresas de pequeno porte, inclusive regimes especiais ou simplificados no caso do imposto previsto no art. 155, II, das contribuições previstas no art. 195, I e §§12 e 13, e da contribuição a que se refere o art. 239. (Incluído pela Emenda Constitucional nº 42, de 19.12.2003)

Parágrafo único. A lei complementar de que trata o inciso III, d, também poderá instituir um regime único de arrecadação dos impostos e contribuições da União, dos Estados, do Distrito Federal e dos Municípios, observado que: (Incluído pela Emenda Constitucional nº 42, de 19.12.2003)

I - será opcional para o contribuinte; (Incluído pela Emenda Constitucional nº 42, de 19.12.2003)

II - poderão ser estabelecidas condições de enquadramento diferenciadas por Estado; (Incluído pela Emenda Constitucional nº 42, de 19.12.2003)

III - o recolhimento será unificado e centralizado e a distribuição da parcela de recursos pertencentes aos respectivos entes federados será imediata, vedada qualquer retenção ou condicionamento; (Incluído pela Emenda Constitucional nº 42, de 19.12.2003)

IV - a arrecadação, a fiscalização e a cobrança poderão ser compartilhadas pelos entes federados, adotado cadastro nacional único de contribuintes. (Incluído pela Emenda Constitucional nº 42, de 19.12.2003)

Uma primeira corrente, denominada *tricotômica*, é sustentada por diversos tributaristas que possuem visão tradicional da matéria em tela.

São assim conhecidos porque, utilizando-se de uma interpretação, a nosso ver, puramente literal da norma constitucional, reconhecem três funções da lei complementar, quais sejam:

a) emitir normas gerais de direito tributário;
b) dispor sobre conflitos de competência entre as pessoas tributantes;
c) regular as limitações constitucionais ao poder de tributar.

Filiado a esta corrente, Ives Gandra da Silva Martins, reconhecia a tríplice função da lei complementar estatuída no art. 18, §1º da Carta anterior e, comparando com o referido art. 146 da atual Constituição, entende que a concepção anterior foi ratificada e sustenta que o sistema tributário foi organizado em função da lei complementar que, ao impedir distorções, fortalece a Federação e a República.[127]

---

[127] MARTINS. *Sistema tributário na Constituição de 1988*, p. 83-85. Também sustentam a função tricotômica da lei complementar Tercio Sampaio Ferraz Júnior, Luciano Amaro, Eurico Marcos Diniz de Santi, Paulo Ayres Barreto, Robson Maia Lins e Tácio Lacerda Gama.

Da mesma forma, Hamilton Dias de Souza, que se posiciona sustentando que a norma geral possui campos próprios de atuação consistentes em completar a eficácia de preceitos expressos e de desenvolver princípios decorrentes do sistema.[128] Argumenta que defender função única da lei complementar em discussão é desconsiderar a expressão do Texto Constitucional "estabelecerá normas gerais", o que não se admite, pois não se pode conceber que o Texto Supremo contenha frases inteiras despidas de significação e eficácia.

Nesse sentido, também se posiciona Gilberto de Ulhôa Canto ao discordar daqueles que entendem que a lei complementar é afrontosa à autonomia dos Estados e Municípios, argumentando que sua criação e o âmbito de sua competência estão expressos na mesma Constituição que assegura a autonomia, sendo, portanto, restringida na sua própria origem.[129]

É que, diante dessa proposta de interpretação, houve reação de boa parte da doutrina, que entendeu tal entendimento violador do pacto federativo e da autonomia dos entes políticos, pois estabeleceria em favor da União à possibilidade de invadir a esfera reservada às outras pessoas políticas, chegando a afirmar, inclusive, o comprometimento da rígida discriminação de competências feita pelo legislador constituinte.

A corrente adversa, denominada por *dicotômica*, partiu de uma interpretação sistemática da Constituição Federal para concluir que a lei complementar possui uma única finalidade: a veiculação de normas gerais de direito tributário, que, por sua vez, exercem duas funções, pois ou dispõe sobre conflitos de competência entre as entidades tributantes ou regulam as limitações constitucionais ao poder de tributar.

Donde, a impropriedade da denominação "dicotômica" para este segundo posicionamento, pois os adeptos defendem que a lei complementar tem apenas uma única finalidade, razão pela qual alguns doutrinadores a denominam de teoria "monotômica".

O saudoso professor Geraldo Ataliba, um dos defensores dessa corrente, fundamenta sua posição ponderando acerca da integração da norma jurídica ao sistema. Salienta, referido mestre, que uma norma não pode ser conhecida fora do sistema e que, portanto, "jamais seria admissível norma geral restringindo ou peiando o princípio democrático,

---

[128]SOUZA. Normas gerais de direito tributário. *In*: SOUZA et al. *Direito tributário 2*, p. 30.
[129]ULHÔA CANTO. Lei complementar tributária. *In*: MARTINS (Coord.). *Lei complementar tributária*, p. 2-9.

ou o federal, ou o da autonomia municipal ou da independência e harmonia dos poderes ou qualquer dos demais princípios categoriais do sistema".[130] Além disso, adverte que a rigidez do sistema constitucional tributário, por si só, não é bastante para evitar os conflitos de competência entre as pessoas tributantes ou com os contribuintes. Conclui, assim, que os campos de abrangência das normas gerais de direito tributário só podem ser a regulação das limitações, de um lado, e disposição sobre conflitos, de outro, haja vista que são esses os únicos campos que se harmonizam com os princípios federativo e autonomia municipal.

Por sua vez, o não menos ilustre Paulo de Barros Carvalho bem precisou a questão nos seguintes termos:

> Vimos de ver, em termos gerais, a significação jurídica que a maioria dos nossos autores atribuía ao art. 18, §1º, da Constituição Federal de 1967. Contemplavam-no como uma arquitetura de linguagem bastante-em-si, de organização sintática bem construída, de fácil intelecção e de sentido cristalino. Tomavam-no pela inteireza da oração legislada, que, por tão evidente, dispensava incursões inúteis pelas alturas do sistema, já que seu conteúdo emergia ao ensejo de breve leitura, livre de dificuldades. No pensamento desses juristas que compõem a chamada escola bem comportada do Direito tributário brasileiro, as três direções da discutida lei complementar saltavam aos olhos do menos exigente iniciado nas coisas do direito, que se sentia minuciado pela regra constitucional para enfrentar as aplicações que se fizessem necessárias.[131]

Todavia, a corrente tricotômica (ou da escola bem comportada do Direito Tributário brasileiro), fez-se predominante em nossa doutrina e jurisprudência.

É justamente o distinto tributarista Roque Antônio Carrazza quem alerta para o equívoco decorrente de interpretação apressada do art. 146 da Carta Magna.[132] É que os defensores da corrente tricotômica já proclamaram que a União, por meio de lei complementar, pode alterar o rígido esquema de repartição das competências tributárias das pessoas políticas e, mais do que isto, pode condicionar a validade de suas leis.

É de se questionar, diante disso, se o art. 146 da Carta de 1988 contraria o rígido esquema de repartição das competências tributárias das pessoas políticas?

---

[130] ATALIBA. Normas gerais de direito financeiro e tributário e autonomia dos estados e municípios: limites à norma geral: Código Tributário Nacional. *Revista de Direito Público*, p. 61. Regina Helena Costa também sustenta tese da função dicotômica da lei complementar.
[131] Cf. CARVALHO. *Curso de direito tributário*.
[132] CARRAZZA. *Curso de direito constitucional tributário*, p. 801.

Explica-se a razão do questionamento.

É que a Constituição Federal, em seu art. 146, aparentemente contradiz o rígido esquema de repartição das competências tributárias das pessoas políticas. Mas, como ensina referido jurista, tal contradição não é real:

> A Constituição deve ser interpretada com vistas largas, justamente para que desapareçam as aparentes contradições de seus dispositivos, quando considerados em estado de isolamento. (...) Na lição de Carlos Maximiliano: "O todo deve ser examinado com o intuito de obter o verdadeiro sentido de cada uma das partes. A Constituição não destrói a si própria. Em outros termos, o poder que ela confere com a mão direita, não retira, em seguida, com a esquerda". (...) Por isso o art. 146 da Lei Maior deve ser entendido em perfeita harmonia com os dispositivos constitucionais que conferem competências tributárias privativas à União, aos Estados, aos Municípios e ao Distrito Federal.[133]

Por outras palavras, temos que partir das premissas que o Brasil é uma Federação (art. 1º, CF), em que os Estados, Municípios e o DF desfrutam de ampla autonomia político-administrativa (arts. 18, 25, 29, 30 e 32, CF), legislando, concorrentemente, inclusive em matéria tributária (art. 24, I, CF), cuja competência da União é estabelecer normas gerais (art. 24, §1º, CF). Se assim não for, a lei complementar perderá, por completo, a razão jurídica de existir e, portanto, a ninguém poderá obrigar.

Donde, concordamos com o Professor Carrazza quando ressalta a função meramente declaratória da lei complementar prevista no art. 146 da CF:

> A LC só pode explicitar o que está implícito na CF, ou seja, não pode inovar, mas, apenas, declarar. Sua função é meramente declaratória, não constitutiva. (...) Mal comparando, podemos dizer que tal LC funciona, em relação à CF, como o regulamento em relação à lei (art. 84, IV, CF). (...) A CF não conferiu ao legislador complementar um "cheque em branco" para, por meio da sua edição traçar as competências tributárias com suas limitações. O papel da LC é "colorir" de novos e mais intensos matizes, as linhas, por vezes tênues, que a CF traça ao impor limitações ao poder de tributar.

O inciso III do art. 146, CF, especialmente alíneas "a" e "b", não autoriza a LC a modificar a norma-padrão de incidência ou regra

---

[133] CARRAZZA. *Curso de direito constitucional tributário*, p. 802-824.

matriz dos tributos, que foram constitucionalmente traçadas.[134] Não pode, igualmente, criar, majorar ou reduzir tributos, nem conceder remissões, isenções ou anistias tributárias.

E, assim, desvenda-se nuamente, pouco a pouco, a diminuta relevância jurídica das "normas gerais em matéria de legislação tributária", diferentemente do que ocorre nos outros ramos do direito que também abarcam a competência legislativa sobre normas gerais.

A dificuldade de consenso entre as duas correntes fez com que José Souto Maior Borges afirmar que as discussões envolvem um verdadeiro *diálogo de surdos*, já que os dicotômicos tomam como parâmetro outro campo de referência em relação aos tricotômicos, o da autonomia dos Estados e Municípios, enquanto estes adotam um discurso mais preocupado com a organização do sistema tributário.[135]

4.6.4 O CTN e as normas gerais em matéria de legislação tributária

O Código Tributário Nacional (Lei nº 5.172/66) é o instrumento legal que introduz as normas gerais de direito tributário no ordenamento brasileiro.

Diante das assertivas expostas nos itens anteriores, argua-se: qual o conteúdo possível do CTN?

Evidente que a resposta do questionamento depende da corrente a que se filia o cientista do direito.

Nós, que não acordamos com a corrente tricotômica, pois entendemos que a posição dicotômica é cientificamente mais rigorosa e melhor elaborada, respondemos a questão da seguinte forma: como norma geral tributária que é, só tem duas finalidades, ou dispor sobre conflitos de competência entre as pessoas tributantes, ou regular as

---

[134] "Art. 146. Cabe à lei complementar: (...) III - estabelecer *normas gerais* em matéria de legislação tributária, especialmente sobre: a) definição de tributos e de suas espécies, bem como, em relação aos impostos discriminados nesta Constituição, a dos respectivos fatos geradores, bases de cálculo e contribuintes; b) obrigação, lançamento, crédito, prescrição e decadência tributários." (grifos nossos)

[135] BORGES. Normas gerais do direito tributário, inovações do seu regime na Constituição de 1988. *Revista de Direito Tributário*, p. 67. Anote-se que Tercio Sampaio Ferraz Júnior também percebeu esta distância de pontos de vista entre as duas correntes, pois afirma que a teoria dicotômica escolhe uma "função igualdade" (paridade e autonomia dos entes federados), enquanto que a teoria tricotômica prefere resguardar a "função certeza" (centralização normativa do direito tributário através da União) (Cf. Segurança jurídica e normas gerais tributárias. *Revista de Direito Tributário*, p. 51-56).

limitações constitucionais ao poder de tributar, uma vez que deve ser harmonizada com os primados da federação, da autonomia municipal e da isonomia das pessoas constitucionais.

Deste modo, nem todas as disposições do CTN são constitucionais, pois seu campo material — estrito — é bem definido pela Carta Constitucional.

Assim, "foi formalmente contra o Texto Maior, quando tratou da suspensão e extinção do crédito tributário (art. 151 *et seq.*), lançamento, fiscalização (art. 194 *et seq.*) e isenções, pois tais matérias inserem-se na autonomia constitucional das pessoas políticas de direito público interno (Estado, Município e Distrito Federal)".[136]

Entretanto, deve-se deixar registrado que o CTN, sendo também lei federal (e não só nacional), pode ser aplicado como lei ordinária da União para seus tributos, naquilo que *não* diz respeito a normas gerais de direito tributário.

4.6.5 Análise da jurisprudência

A 2ª Turma do STF negou provimento ao Agravo Regimental do RE 414.259/MG, em 24 jun. 2008, porque entendeu que o Estado-membro tem competência para editar normas gerais referentes ao IPVA, no exercício da competência concorrente prevista no art. 24, §3º, CF, uma vez que inexistia norma geral editada pela União tratando o tema.

O STF assentou que custas e emolumentos são espécies tributárias, classificadas como taxas. Daí porque considerou constitucional a Lei nº 12.461/97 do Estado de Minas Gerais, que isentou entidades beneficentes de assistência social do pagamento de emolumentos, uma vez que inexistia norma geral editada pela União e sendo a competência concorrente (art. 24, IV), o Estado exerceu legitimamente a competência legislativa plena, para atender suas peculiaridades, nos termos do §3º do art. 24, CF (ADI nº 1.624/MG, julgada em 8 maio 2003, Pleno).

Já na ADI nº 1.444/PR, julgada em 12 fev. 2003, o Pleno do STF considerou inconstitucional Resolução do TJPR que majorou custas e emolumentos judiciais e extrajudiciais, uma vez que a competência sobre o tema é concorrente entre União, Estados e Distrito Federal, bem como o art. 150, no inciso I, CF, veda à União, aos Estados, ao Distrito Federal e aos Municípios, a exigência ou aumento de tributo, sem lei que o estabeleça, e não por ato normativo.

---

[136] CARDOSO. *Normas gerais de direito tributário*, p. 108.

4.7 Normas gerais em matéria de Direito Financeiro e Orçamentário

4.7.1 Conceito e objeto

Convém lembrar que os incisos I e II do art. 24 da CF estabelecem que, em matéria de Direito Financeiro e Orçamentário, a competência legislativa é concorrente entre União, os Estados e o Distrito Federal.

Ademais, as normas gerais sobre finanças públicas se encartam no Capítulo II do Título VI da CF (Da Tributação e do Orçamento) e constituem o núcleo da chamada Constituição Financeira.

O jurista italiano Achille Donato Giannini conceitua Direito Financeiro como "o conjunto das normas que disciplinam as receitas, a gestão e a despesa dos meios necessários para a vida do ente público".[137] Já Rubens Gomes de Souza afirma que "direito financeiro é a disciplina que estuda o ordenamento jurídico das finanças do estado e as relações jurídicas por ele criadas no desempenho de sua atividade financeira",[138] razão pela qual tem por objeto estabelecimento de normas que possibilitem ao Estado executar sua atividade financeira, bem como preceitos jurídicos que fixem o limite desta atividade, objetivando uma maior garantia para o particular.

Verifica-se, assim, que no Direito Financeiro estão incluídas a despesa pública, a receita pública, o orçamento público e o crédito público. Daí porque Ricardo Lobo Torres ensina que o Direito Financeiro deve ser dividido nos seguintes ramos: Receita Pública, Despesa Pública e Direito Orçamentário.[139]

A *despesa pública* é realizada pelos órgãos administrativos e, em geral, inclui o pagamento dos vencimentos dos servidores públicos, a compra de material e equipamentos necessários para a administração pública, os investimentos, os subsídios e as subvenções públicos etc. O art. 12 da Lei nº 4.320/64 classifica as despesas em correntes (despesas de custeio e transferências correntes) e de capital (investimentos, inversões financeiras e transferências de capital).

A *receita pública*, por sua vez, é obtida por meio de tributos, rendas patrimoniais (alugueres, juros, dividendos e valores patrimoniais), rendas industriais (renda líquida de serviços públicos e industriais e saldos de empresas estatais), transferências correntes (multas, contribuições, cobrança da dívida ativa) e empréstimos. O §4º do art. 11 da

---

[137] GIANNINI. *Elementi di diritto finanziario*, p. 3.
[138] Cf. SOUSA. *Compêndio de legislação tributária*.
[139] TORRES. *Sistemas constitucionais tributários*, p. 10.

Lei nº 4.320/64 a classifica em receitas correntes (tributária, patrimonial, industrial e transferências correntes) e de capital (operações de crédito, alienação de bens móveis e imóveis, amortização de empréstimos concedidos e transferências de capital).

Ensina Luiz Emygdio Franco da Rosa Junior:

(...) a receita pública pode ser obtida de dois modos:

a) *originária* do próprio patrimônio do Estado, quando age como particular no desempenho da atividade financeira, relacionando-se em pé de igualdade com o particular, tratando-se, assim, de receita voluntária, contratual, de direito privado (preço);

b) *derivada* do patrimônio do particular, em que o Estado age investido de sua soberania no desempenho da atividade financeira, correspondendo a uma receita obrigatória, legal, de direito público (tributo). Dessas receitas somente a receita pública originária pertence ao âmbito do Direito Financeiro, devendo a receita tributária ser incluída no objeto do Direito Tributário.[140]

Em poucas palavras, o Direito Tributário compõe a limitação do *poder de arrecadar* e o Direito Financeiro a limitação do *poder de gastar*.

Nesse sentido, então, deve ser realizada a leitura do art. 163 da CF, que trata de normas gerais de Direito Financeiro, a ser veiculada por lei complementar, sobre:

I - finanças públicas;
II - dívida pública externa e interna, incluída a das autarquias, fundações e demais entidades controladas pelo Poder Público;
III - concessão de garantias pelas entidades públicas;
IV - emissão e resgate de títulos da dívida pública;
V - fiscalização financeira da administração pública direta e indireta (*inciso com redação dada pela EC nº 40/2003*);
VI - operações de câmbio realizadas por órgãos e entidades da União, dos Estados, do Distrito Federal e dos Municípios;
VII - compatibilização das funções das instituições oficiais de crédito da União, resguardadas as características e condições operacionais plenas das voltadas ao desenvolvimento regional.

A Lei nº 4.320/94 fixa normas gerais de direito financeiro para elaboração e controle dos orçamentos e balanços da União, dos Estados, dos Municípios e do Distrito Federal. A LC nº 101/2000 (Lei de Responsabilidade Fiscal) estabelece normas de finanças públicas voltadas para a responsabilidade na gestão fiscal.

---

[140]ROSA JUNIOR. *Manual de direito financeiro & direito tributário*, p. 142-143.

Aliomar Baleeiro conceitua *orçamento* como sendo "ato pelo qual o Poder Legislativo prevê e autoriza ao Poder Executivo, por certo período e em pormenor, as despesas destinadas ao funcionamento dos serviços públicos e outros fins adotados pela política econômica ou geral do país, assim como a arrecadação das receitas já criadas em lei".[141] O art. 165 da CF, ao tratar dos orçamentos, prescreve que leis de iniciativa do Poder Executivo estabelecerão: I - o plano plurianual; II - as diretrizes orçamentárias; III - os orçamentos anuais.

O *crédito público*, por sua vez, pode ser conceituado como "sendo a faculdade que tem o Estado de, com base na confiança que inspira e nas vantagens que oferece, obter, mediante empréstimo, recursos de quem dele dispõe, assumindo, em contrapartida, a obrigação de restituí-los nos prazo e condições fixados".[142]

Versando sobre o crédito público a CF atribui competência privativa ao Senado Federal para:

a) autorizar operações externas de natureza financeira, de interesse da União, dos Estados, do Distrito Federal, dos Territórios e dos Municípios;

b) fixar, por proposta do Presidente da República, limites globais para o montante da dívida consolidada da União, dos Estados, do Distrito Federal e dos Municípios;

c) dispor sobre limites globais e condições para as operações de crédito externo e interno da União, dos Estados, do Distrito Federal e dos Municípios, de suas autarquias e demais entidades controladas pelo Poder Público federal;

d) dispor sobre limites e condições para a concessão de garantia da União em operações de crédito externo e interno;

e) estabelecer limites globais e condições para o montante da dívida mobiliária dos Estados, do Distrito Federal e dos Municípios (art. 52, V a IX).[143]

Por fim, é interessante ressaltar que a competência legislativa concorrente em matéria de Direito Financeiro e orçamento (art. 24, I e II,

---

[141] BALEEIRO. *Uma introdução à ciência das finanças*, p. 387.
[142] ROSA JUNIOR. *Manual de direito financeiro & direito tributário*, p. 120.
[143] A Resolução do Senado Federal nº 69, de 14 dez. 1995, dispõe sobre as operações de crédito interno e externo dos Estados, do Distrito Federal, dos Municípios e de suas respectivas autarquias, inclusive concessão de garantias, seus limites e condições de autorização; a Resolução do Senado Federal nº 48, de 21 dez. 2007, dispõe sobre os limites globais para as operações de crédito externo e interno da União, de suas autarquias e demais entidades controladas pelo poder público federal e estabelece limites e condições para a concessão de garantia da União em operações de crédito externo e interno.

CF) não se confunde com a competência exclusiva da União para emitir moeda (art. 21, VII, CF) ou privativa da União para legislar sobre sistema monetário e de medidas, títulos e garantias dos metais (art. 22, VI, CF), reforçada pelo disposto nos incisos I, II, XII e XIII do art. 48 da CF, ou seja, competência da União para dispor sobre: "I - sistema tributário, arrecadação e distribuição de rendas; II - plano plurianual, diretrizes orçamentárias, orçamento anual, operações de crédito, dívida pública e emissões de curso forçado; (...) XIII - matéria financeira, cambial e monetária, instituições financeiras e suas operações; XIV - moeda, seus limites de emissão, e montante da dívida mobiliária federal".

4.7.2 Análise da jurisprudência

O STF proferiu algumas decisões importantes sobre o tema. No RE 183.907/-SP julgado em 29/03/2000 pelo Tribunal Pleno, restou assentado que as unidades federadas não possuem competência para a fixação de índices de correção monetária de créditos fiscais em percentuais superiores aos fixados pela União para o mesmo fim. Explica-se: o Estado de São Paulo editou a Lei nº 6.374/89 (art. 113) e com este fundamento legal, fixou, através de Decretos (nº 32.951/91 e nº 39.668/94) índices de correção monetária (IPC-FIPE e a partir de setembro/94 UFESP com variação da UFIR) e os utilizou para corrigir créditos fiscais, uma vez que a ação que originou a interposição do Recurso Extraordinário era de execução fiscal, embargada pelo recorrente. Interessante notar que a Corte entendeu que a matéria não se enquadrava no art. 22, VI, CF, ou seja, entendeu que o Estado-membro não invadiu competência privativa da União para legislar sobre sistema monetário e que, portanto, tal matéria inclui-se na competência concorrente sobre Direito Financeiro.

Por outras palavras, a fixação de índice de correção da moeda é matéria de Direito Monetário, mas o estabelecimento de índice de correção de débito fiscal é matéria de Direito Financeiro ou Tributário. Ocorre, porém, que o Tribunal assentou que o índice de correção monetária de débito fiscal federal é norma geral e, portanto, constitui um teto que os entes federados não poderão ultrapassar quando da elaboração de suas normas específicas. No caso em análise, o Estado Bandeirante tinha competência para criar um indexador, a UFESP (Unidade Fiscal do Estado de São Paulo), mas ele não poderia ultrapassar o valor instituído por lei federal (na verdade, nacional).

Ora, chega a soar estranho que um índice estabelecido pela União para correção de seus débitos fiscais possa ser enquadrado no conceito de norma geral de Direito Financeiro, a uma porque não contemplado, a nosso ver, no conceito semântico de norma geral, conforme explicitado no Capítulo 3 supra; a duas porque não se enquadra em nenhuma das hipóteses arroladas no art. 163 da CF.

Já no RE nº 220.271/RN, julgado pela 1ª Turma em 10 mar. 1998, ficou consignado que a fixação, por Constituição Estadual, de correção monetária de vencimentos pagos com atraso ao servidor público não usurpa competência privativa da União para legislar sobre o sistema monetário porque inserida no campo da competência legislativa concorrente em matéria de Direito Financeiro. Ademais, o ilustre relator, Min. Sepúlvida Pertence, asseverou que "a preexistência, no sistema monetário delineado pela própria Constituição, do instituto da correção faz descer a previsão de sua incidência para a atualização do valor nominal de créditos ou débitos do Estado-membro à alçada de norma sobre sua administração financeira, induvidosamente incluída no âmbito da autonomia local".

Dispõe o §3º do art. 164 da CF que "as disponibilidades de caixa da União serão depositadas no banco central; as dos Estados, do Distrito Federal, dos Municípios e dos órgãos ou entidades do Poder Público e das empresas por ele controladas, em instituições financeiras oficiais, ressalvados os casos previstos em lei". Assim decidiu o STF, na ADI-MC nº 3.578/DF, julgada em 14 set. 2004 pelo Pleno, que, em relação à disponibilidade de caixa dos Estados-membros, dos órgãos ou entidades que os integram e das empresas por eles controladas, cabe somente à União, mediante lei de caráter nacional, definir as exceções autorizadas pela parte final da norma constitucional. Por outras palavras, o Estado-membro não tem competência para, mediante ato normativo próprio, estabelecer ressalvas à incidência da cláusula geral que lhe impõe a utilização de instituições financeiras oficiais para depósito das disponibilidades de caixa.

Por ocasião do julgamento da ADI nº 882/MT, ocorrido em 19 fev. 2004, o Pleno do STF considerou inconstitucionais vários dispositivos da Lei Complementar nº 20/92, do Estado do Mato Grosso, que dispõe sobre a Organização e Estruturação da Polícia Judiciária Civil Estadual. Dentre as normas declaradas inconstitucionais na ação direta, destaca-se aquela que, pretendendo assegurar autonomia funcional e financeira à Polícia Civil estadual, atribuiu competência ao Diretor-Geral da Polícia Judiciária para propor orçamento anual da instituição. Entendeu o STF que as polícias civis integram a estrutura institucional do Poder Executivo, encontrando-se em posição de dependência administrativa, funcional e financeira em relação ao Governador do Estado (art. 144,

§6º, CF) e que é competência privativa do Chefe do Executivo propor orçamento anual deste Poder, o que abrange a polícia civil.

4.8 Normas gerais em matéria de Direito Econômico

4.8.1 Conceito e objeto

Direito Econômico é conceituado por Washington Peluso Albino de Souza como:

> (...) ramo do Direito que tem por objeto a "juridicização", ou seja, o tratamento jurídico da política econômica e, por sujeito o agente que dela participe. Como tal, é o conjunto de normas de conteúdo econômico que assegura a defesa e harmonia dos interesses individuais e coletivos, de acordo com a ideologia adotada na ordem jurídica. Para tanto, utiliza-se do "princípio da economicidade".[144]

Ao estudar o sentido das normas coercitivas de Direito Econômico, Modesto Carvalhosa ensina:

> (...) a intervenção legislativa do poder público, no âmbito específico do Direito Econômico, traduz-se por um complexo de normas através das quais, limitando, sob diversas formas, a autonomia das entidades econômicas, visa ao Estado imprimir uma direção racional correspondente ao seu programa sócio-econômico.[145]

Por isso, Eros Roberto Grau destaca que "o que o peculiariza como ramo do Direito é, portanto, a sua destinação à instrumentalização, mediante ordenação jurídica, da política econômica do Estado".[146]

Por sua vez, Fábio Konder Comparato o conceitua como "o conjunto de técnicas jurídicas de que lança mão o Estado contemporâneo na realização de sua política econômica".[147] O renomado autor, examinando o crescimento deste novo ramo do Direito afirma: "O direito econômico nasce com a primeira guerra mundial, que representa de fato o fim do século XIX e o superamento de uma certa concepção clássica da guerra e da economia". De fato, com o decorrer da I Grande Guerra (1914-1918) verifica-se que o conflito bélico deixou de ser uma atividade marginal para se transformar num fenômeno global, por

---

[144] SOUZA. *Primeiras linhas de direito econômico*, p. 23.
[145] CARVALHOSA. *Direito econômico*, p. 117.
[146] GRAU. *A ordem econômica na Constituição de 1988*: interpretação e crítica, p. 133.
[147] COMPARATO. O indispensável direito econômico. *Revista dos Tribunais*, p. 14-26.

envolver inúmeras nações, exigindo cada vez mais a presença de todas as forças produtivas dos países beligerantes. O seu balanço é trágico: mais de 9 milhões de seres humanos mortos, dívidas astronômicas, caos econômico na Europa e uma inflação galopante, prenunciando a crise de 1929.

Sintetizando, podemos compreender o Direito Econômico através da identificação de seu objeto, qual seja, a política econômica que, por sua vez, pode ser entendida como "o conjunto de medidas postas em prática para atender a objetivos econômicos. Deve ser juridicamente tratada, sob pena de prática arbitrária do poder, sem o devido respeito aos direitos indispensáveis à vida social. Determinados exageros ou abusos do poder econômico, tanto público como privado, justificam plenamente a necessidade dessa juridicização que se efetiva pelo Direito Econômico".[148]

Em profundo trabalho sobre o tema das normas gerais acerca do Direito Econômico, Washington Peluso Albino de Souza enquadra muito bem a questão nos seguintes termos:

> (...) partimos da consideração de que às "normas gerais de Direito Econômico" incumbe determinar as diretrizes jurídicas da políticas econômica para todo o País, ao mesmo tempo em que assegurar a possibilidade de que sejam atendidas as peculiaridades político-econômicas dos Estados-membros, também em suas inter-relações, conforme já vem acontecendo. Talvez se baseiem nessa hipótese aqueles que consideram as normas gerais pelo prisma do "planejamento", e por esse expediente pretendem estender-lhe a extensão ao âmbito regional. Porém, essa limitação ao planejamento, embora aparentemente avançada, é por demais tímida ante a amplidão do tema. Em casos concretos, que analisaremos mais adiante, algumas Constituições estaduais cuidaram de problemas que ultrapassam as suas respectivas fronteiras e, em termos de competência estadual, não poderiam ser tratados com tal extensão. Entretanto, ao ignorá-los, estaremos nos alienando da própria realidade e da busca de suas soluções. Como exemplo real, temos a questão das secas no nordeste brasileiro, os problemas da Região Amazônica, ou da região lindeira do sul do País. O artificialismo das fronteiras políticas dos Estados supostamente teria encontrado, no §3º daquele artigo,[149] o amparo para incluir em suas Constituições o fundamento constitucional da legislação necessária ao atendimento desejado àquela realidade, com base na identidade de interesses e utilização do instrumento dos acordos. Por sua própria natureza, o problema exige mais do que o

---

[148] SOUZA. *Primeiras linhas de direito econômico*, p. 25.

[149] O autor refere-se ao §3º do art. 24 da CF: "Inexistindo lei federal sobre normas gerais, os Estados exercerão a competência legislativa plena, para atender a suas peculiaridades".

Direito brasileiro atual oferece, à falta da "região econômica" como entidade política e administrativa. Nem por isso podemos deixar de consignar esse registro.[150]

No mesmo estudo, o referido autor salienta que o primeiro passo na busca das normas gerais de Direito Econômico será a remissão aos princípios gerias da atividade econômica, enumerados no art. 170 da CF e, ao fazer uma análise dos modelos ideológicos lá contidos, estabelece que temos aspectos do *modelo liberal* (livre iniciativa, garantia à propriedade privada, livre concorrência e livre exercício da atividade econômica), do *modelo socialista* (valorização do trabalho humano, existência conforme os ditames da justiça social, função social da propriedade e redução das desigualdades regionais e sociais) e do *modelo misto ou "neoliberal"* (defesa do consumidor, busca do pleno emprego e tratamento favorecido às empresas de pequeno porte).[151]

4.8.2 Análise da jurisprudência

A Lei nº 7.737/2004 do Estado do Espírito Santo garantiu o direito de meia-entrada aos doadores regulares de sangue em relação a eventos de cultura, esporte e lazer. A norma foi impugnada via ADI nº 3.512/ES, julgada em 15 fev. 2006 pelo Tribunal Pleno do STF, que considerou a disposição plenamente constitucional, diante da competência concorrente entre a União, Estados-membros e o DF para legislar sobre Direito Econômico. Além disso, foi considerado que a Constituição do Brasil em seu art. 199, §4º, veda todo tipo de comercialização de sangue, entretanto estabelece que a lei infraconstitucional disporá sobre as condições e requisitos que facilitem a coleta de sangue e que o ato normativo estadual não determina recompensa financeira à doação ou estimula a comercialização de sangue.

De forma semelhante, a Lei nº 7.844/92, do Estado de São Paulo, garantiu a meia-entrada aos estudantes regularmente matriculados em estabelecimentos de ensino, facilitando o acesso a casas de diversão, esporte, cultura e lazer. Da mesma forma que a hipótese anterior, o STF, na ADI nº 1.950/SP, julgada em 3 nov. 2005, considerou a norma constitucional diante da competência concorrente em matéria de

---
[150] SOUZA. Normas gerais de direito econômico. *In*: TEIXEIRA (Coord.). *Estudos em Homenagem ao Ministro Adhemar Ferreira Maciel*, p. 764.
[151] SOUZA. Normas gerais de direito econômico. *In*: TEIXEIRA (Coord.). *Estudos em Homenagem ao Ministro Adhemar Ferreira Maciel*, p. 768-769.

Direito Econômico, ou seja, que tal disposição é norma específica do Estado de São Paulo. Na ocasião, foi salientado que o direito ao acesso à cultura, ao esporte e ao lazer são meios de complementar a formação dos estudantes.

O Estado de Goiás é o maior produtor nacional de amianto crisotila, local onde está localizada a maior reserva natural do minério. Os Estados de São Paulo e de Mato Grosso do Sul editaram leis proibindo a comercialização, importação, beneficiamento, estocagem e instalação de produtos contendo qualquer tipo de amianto. O Governador de Goiás, diante dos evidentes reflexos da economia de seu Estado e, com isso, a redução da arrecadação de tributos, promoveu as ADIs nº 2.656/SP (julgada em 8 maio 2003) e nº 2.396/MS (cautelar julgada em 26 set. 2001), nas quais o STF assentou que as leis estaduais invadiram competência privativa da União para legislar sobre comércio interestadual (art. 22, VIII, CF) e jazidas, minas e outros recursos minerais (art. 22, XII, CF). Consignou ainda a Suprema Corte que, mesmo que se considerasse que os Estados-membros tivessem utilizado da competência concorrente para legislar sobre produção e consumo (art. 24, V, CF), proteção ao meio ambiente (art. 24, VI, CF) ou proteção à saúde (art. 24, XII, CF), a questão é de interesse nacional e inexiste justificativa para tratamento particular e diferenciado por parte dos dois Estados-membros referidos, prevalecendo a disciplina federal no tema (Lei nº 9.055/95), que, aliás, expressamente autoriza a extração, industrialização, utilização e comercialização da crisotila no país inteiro.

Já no julgamento do RE nº 291.188/RN, ocorrido em 8 out. 2002, a 1ª Turma do STF firmou entendimento no sentido de que os critérios de conversão em URV dos valores fixados em Cruzeiro Real para Real, estabelecidos pela Lei federal nº 8.880/94, insere-se no campo da competência privativa da União legislar sobre Direito Monetário (art. 22, VI, CF), pois altera o padrão monetário. A norma, portanto, obriga aos demais entes federados, que não possuem competência legislativa no tema, dado que a norma é especial e, por isso mesmo, subtrai o Direito Monetário, para esse efeito, da esfera material do Direito Econômico, incluído no campo da competência legislativa concorrente (art. 24, I, CF).

4.9 Normas gerais em matéria de Direito do Consumidor

4.9.1 Conceito e objeto

É difícil precisar quando e onde apareceu pela primeira vez o Direito do Consumidor. O certo é que o ser humano sempre consumiu alguma coisa, desde a sua mais remota existência. Altamiro José dos Santos destaca que o Código de Hamurabi (2.300 a.C.) regulamentava o comércio, de modo que o controle e a supervisão encontravam-se a cargo do palácio, o que demonstrava que já existia preocupação com o lucro abusivo. O referido autor lembra que: "consoante a Lei 235 do Código de Hamurabi, o construtor de barcos estava obrigado a refazê-lo em caso de defeito estrutural, dentro do prazo de até um ano".[152]

Contudo, daí até se chegar à importância jurídica da Relação de Consumo, muita coisa certamente aconteceu: a antiguidade e suas civilizações e impérios (como o Grego e o Romano); a Idade Média e o feudalismo; a Idade Contemporânea e o absolutismo; e a Idade Moderna, inaugurada com a Revolução Francesa e com duas Grandes Guerras Mundiais.

O certo é que a CF/88 determina, em seu art. 5º, inciso XXXII, que o Estado promoverá, na forma da lei, a defesa do consumidor. Além disso, um dos princípios da ordem econômica é a defesa do consumidor (art. 170, V). Por fim, o art. 48 do ADCT determinou que, no prazo de 120 dias da promulgação da CF, o legislador deveria elaborar o Código de Defesa do Consumidor. O prazo fixado não foi obedecido, porém, em 11 set. 1990 foi publicado o referido Código, através da Lei nº 8.078.

O objeto do Direito do Consumidor é a relação de consumo, que pode ser entendida como a relação jurídico-obrigacional que liga um *consumidor* a um *fornecedor*, tendo como objeto o fornecimento de um *produto* ou da prestação de um *serviço*, tendo o adquirente a qualidade de destinatário final e o vendedor a qualidade de fornecedor.

Os conceitos básicos de fornecedor, bens e serviços estão explícitos no art. 3º, parágrafos 1º e 2º, do CDC:

> Art. 3º Fornecedor é toda pessoa física ou jurídica, pública ou privada, nacional ou estrangeira, bem como os entes despersonalizados, que desenvolvem atividade de produção, montagem, criação, construção, transformação, importação, exportação, distribuição ou comercialização de produtos ou prestação de serviços.
>
> §1º Produto é qualquer bem, móvel ou imóvel, material ou imaterial.
>
> §2º Serviço é qualquer atividade fornecida no mercado de consumo, mediante remuneração, inclusive as de natureza bancária, financeira, de crédito e securitária, salvo as decorrentes das relações de caráter trabalhista.

---

[152] SANTOS. Direitos do consumidor. *Revista do Instituto dos Advogados do Paraná – IAP*, Paraná, p. 78-79.

Controvérsias há sobre o conceito de consumidor que está previsto no art. 2º e parágrafo único do CDC:

> Art. 2º Consumidor é toda pessoa física ou jurídica que adquire ou utiliza produto ou serviço como destinatário final.
>
> Parágrafo único. Equipara-se a consumidor a coletividade de pessoas, ainda que indetermináveis, que haja intervindo nas relações de consumo.

Há duas correntes ou teorias que definem o termo "destinatário final" e consequentemente conceituam o consumidor, analisando a possibilidade de aplicação do CDC em cada caso: a finalista (ou subjetiva) e a maximalista (ou objetiva).

A primeira corrente explica que destinatário final é aquele que adquire o produto ou o serviço para uso próprio e de sua família. Essa teoria tem uma visão subjetiva da atividade do consumidor, entendendo que só é consumidor quem retira o produto do mercado fora do âmbito profissional ou comercial. Assim, quem adquire com a finalidade de aplicar em seu negócio, aumentando a produtividade ou a venda, não pode se beneficiar das regras do CDC. São defensores desta tese: Cláudia Lima Marques d Maria Antonieta Donato.

A segunda teoria — maximalista ou objetiva — defende que todo aquele que adquire bens ou serviços para atendimento de uma necessidade própria é destinatário final. Para essa corrente todos que retiram o produto do mercado são consumidores e, portanto aplicáveis as disposições do CDC. Por ter uma visão objetiva do consumo praticado, é irrelevante para essa corrente a finalidade da aquisição ou utilização do bem ou serviço.

Por outras palavras, para a fixação do conceito de *consumidor* deve-se tão somente analisar os critérios objetivos dados pela própria lei, não havendo qualquer necessidade de inquirir sobre aspectos subjetivos. Assim, consumidor é todo aquele que retira o produto ou serviço do ciclo produtivo-distributivo. Podem ser citados como defensores dessa interpretação, com variações, Luiz Antônio Rizzatto Nunes, Nelson Nery Jr., Roberto Senise Lisboa, João Batista de Almeida e James Marins.

O STJ privilegiou a corrente finalista, considerando que a aquisição de bens ou utilização de serviços, por pessoa física ou jurídica, com o fim de incrementar sua atividade negocial, não se reputa relação de consumo, mas como atividade de consumo intermediária. Nesse sentido, foi assentado que "a relação jurídica qualificada por ser 'de consumo' não se caracteriza pela presença de pessoa física ou jurídica em seus pólos, mas pela presença de uma parte vulnerável de um lado (consumidor), e de um fornecedor, de outro" (REsp nº 476.428, Rel. Min. Fátima Nancy Andrighi, 3ª Turma, julgamento em 19 abr. 2005).

Entretanto, o STF adotou a corrente contrária. Por ocasião do julgamento da ADI nº 2.891/DF pelo Tribunal Pleno, em 7 jun. 2006, restou fixado que "consumidor, para os efeitos do Código de Defesa do Consumidor, é toda pessoa física ou jurídica que utiliza, como destinatário final, atividade bancária, financeira e de crédito".

Por outro lado, cumpre lembrar que a CF/88 estabelece competência legislativa concorrente entre União, Estados-membros e Distrito Federal em matéria de produção e consumo (art. 24, V) e responsabilidade por dano ao consumidor (art. 24, VIII).

4.9.2 Análise da jurisprudência

Curiosamente, o STF, quanto às normas gerais de Direito do Consumidor, não possui a tendência centralizadora que aparece nitidamente nos outros ramos jurídicos analisados.

A 2ª Turma do STF, em 28 abr. 2009, julgou o Agravo Regimental no Recurso Extraordinário nº 590.015/RJ e fixou que compete à União, aos Estados e ao Distrito Federal legislar concorrentemente sobre direitos do consumidor.

No julgamento da ADI 1980-PR, em 16/04/2009, o Pleno do STF fixou que "é constitucional a Lei nº 12.420, de 13 de janeiro de 1999, do Estado do Paraná, que assegura ao consumidor o direito de obter informações sobre a natureza, procedência e qualidade de produtos combustíveis comercializados nos postos revendedores do Estado", por não vislumbrar ofensa aos artigos 22, incisos I, IV e XII; 170, inciso IV; 177, parágrafos 1º e 2º; e 238, todos da CF. Nesse mesmo sentido, na ADI nº 2.832/PR, julgada em 7 maio 2008, o Tribunal Pleno assentou a constitucionalidade da Lei nº 13.519/2002, que estabelece obrigatoriedade de informações nos rótulos de embalagens de café comercializado no Estado do Paraná, a uma porque não há usurpação de competência da União para legislar sobre direito comercial e comércio interestadual porque o ato normativo impugnado buscou, tão somente, assegurar a proteção ao consumidor; a duas porque não invade esfera de competência da União para legislar sobre normas gerais.

A Lei nº 5.652 do Estado do Espírito Santo foi considerada constitucional pelo Pleno do STF no julgamento da ADI nº 2.359/ES ocorrido em 27 set. 2006. Referida lei estabelece diretrizes relativas à requalificação dos botijões reutilizáveis de gás liquefeito de petróleo engarrafado (GLP), matéria cujo Estado-membro detém competência legislativa para dispor, nos termos do art. 24, V, CF (produção e consumo). A lei impugnada determina que o titular da marca estampada em vasilhame, embalagem ou recipiente reutilizável não obstrua a livre circulação do continente (art. 1º, *caput*) e que a empresa que reutilizar o vasilhame efetue sua devida identificação através de marca, logotipo, caractere ou símbolo, de forma a esclarecer o consumidor (art. 2º), ou seja, a lei limitou-se a promover a defesa do consumidor, dando concreção ao disposto no art. 170, V, CF.

No entanto, o STF retornou à tendência centralizadora por ocasião da análise da constitucionalidade da Lei nº 3.426/2004 do Distrito Federal, que obrigava as empresas concessionárias de telefonia fixa discriminar informações na fatura da cobrança. A norma foi questionada junto ao STF e a medida cautelar foi deferida na ADI nº 3.322/DF (julgamento em 2 ago. 2006) por aparente invasão de competência legislativa exclusiva da União, prevista nos artigos 21, XI; 22, IV; e 175, parágrafo único, incisos I, II e III, CF.

O Município de São Paulo editou as Leis nº 10.927/91 e nº 11.362/93, que instituíram a obrigatoriedade de cobertura de seguro contra furto e roubo de automóveis para as empresas que operam área ou local destinados a estacionamentos, com número de vagas superior a cinquenta veículos, ou que deles disponham, o que abarca *shopping centers*, lojas de departamento e hipermercados. As leis foram impugnadas e no julgamento do RE nº 313.060/SP, a 2ª Turma do STF (29 nov. 2005) considerou as leis inconstitucionais por invasão da competência para legislar sobre seguros, que é privativa da União, como dispõe o art. 22, VII, CF. Entendeu o STF que o Município não utilizou da competência de suplementar a legislação federal e estadual no tocante à responsabilidade por dano ao consumidor (art. 30, II c.c. 24, VIII, ambos da CF).

4.10 Normas gerais em matéria de Direito Sanitário

4.10.1 Conceito e objeto

Existe uma larga proteção da saúde na Constituição Federal.

Deste modo, a saúde foi consagrada como um dos direitos sociais (art. 6º) e um dos elementos integrantes da composição do salário-mínimo (art. 7º, IV). É um direito de todos e dever do Estado, garantido mediante políticas sociais e econômicas que visem à redução do risco de doença e de outros agravos e ao acesso universal e igualitário às ações e serviços para sua promoção, proteção e recuperação (art. 196).

Embora dever do Estado, a assistência à saúde é livre à iniciativa privada (art. 199).

Além disso, a falta de aplicação do mínimo exigido nos serviços públicos de saúde, previsto nos incisos do §2º do art. 198, aparece como um dos fundamentos para decretação de intervenção federal nos Estados e Distrito Federal (art. 34, VII, "e") e de intervenção estadual nos Municípios (art. 35, III).

A impossibilidade de acumulação remunerada de cargos ou empregos públicos é excepcionada quando atinge profissionais de saúde, com profissões regulamentadas (art. 37, XVI, "c"), desde que haja compatibilidade de horários.

A atividade laboral que prejudica a saúde serve de suporte para critérios diferenciados de aposentadoria, tanto para o servidor público (art. 40, §4º, III) quanto para o trabalhador (art. 201, §1º); um dos direitos que estão asseguradas pela seguridade social é o relativo à saúde, ao lado da previdência e assistência social (art. 194); o dever do Estado com a educação será efetivado, dentre outras garantias, mediante atendimento ao educando, no ensino fundamental, através de programas suplementares de material didático-escolar, transporte, alimentação e assistência à saúde (art. 208, VII); em matéria de comunicação social, compete à lei federal estabelecer os meios legais que garantam à pessoa e à família a possibilidade de se defenderem de programas ou programações de rádio e televisão que possam ser nocivos à saúde e ao meio ambiente (art. 220, §3º, II).

É dever da família, da sociedade e do Estado assegurar à criança e ao adolescente, com absoluta prioridade, o direito à vida, à saúde, à alimentação, à educação, ao lazer, à profissionalização, à cultura, à dignidade, ao respeito, à liberdade e à convivência familiar e comunitária, além de colocá-los a salvo de toda forma de negligência, discriminação, exploração, violência, crueldade e opressão (art. 227, *caput*). Para tanto, o Estado promoverá programas de assistência integral à saúde da criança e do adolescente, admitida a participação de entidades não governamentais e obedecendo os seguintes preceitos:

    I - aplicação de percentual dos recursos públicos destinados à saúde na assistência materno-infantil;

    II - criação de programas de prevenção e atendimento especializado para os portadores de deficiência física, sensorial ou mental, bem como de integração social do adolescente portador de deficiência, mediante o treinamento para o trabalho e a convivência, e a facilitação do acesso aos bens e serviços coletivos, com a eliminação de preconceitos e obstáculos arquitetônicos (§1º do art. 227).

Dispõe, ainda, o art. 197 que são de relevância pública as ações e serviços de saúde, cabendo ao Poder Público dispor, nos termos da lei, sobre sua regulamentação, fiscalização e controle, devendo sua execução ser feita diretamente ou através de terceiros e, também, por pessoa física ou jurídica de direito privado.

As ações e serviços públicos de saúde integram uma rede regionalizada e hierarquizada e constituem um sistema único, organizado de acordo com as seguintes diretrizes:

I - descentralização, com direção única em cada esfera de governo;

II - atendimento integral, com prioridade para as atividades preventivas, sem prejuízo dos serviços assistenciais;

III - participação da comunidade (art. 198).

Ao sistema único de saúde compete, além de outras atribuições, nos termos da lei (art. 200):

I - controlar e fiscalizar procedimentos, produtos e substâncias de interesse para a saúde e participar da produção de medicamentos, equipamentos, imunobiológicos, hemoderivados e outros insumos;

II - executar as ações de vigilância sanitária e epidemiológica, bem como as de saúde do trabalhador;

III - ordenar a formação de recursos humanos na área de saúde;

IV - participar da formulação da política e da execução das ações de saneamento básico;

V - incrementar em sua área de atuação o desenvolvimento científico e tecnológico;

VI - fiscalizar e inspecionar alimentos, compreendido o controle de seu teor nutricional, bem como bebidas e águas para consumo humano;

VII - participar do controle e fiscalização da produção, transporte, guarda e utilização de substâncias e produtos psicoativos, tóxicos e radioativos;

VIII - colaborar na proteção do meio ambiente, nele compreendido o do trabalho.

No caso, a Lei nº 8.080/90 disciplinou o Sistema Único de Saúde (SUS), que compreende "o conjunto de ações e serviços de saúde, prestados por órgãos e instituições públicas federais, estaduais e municipais, da Administração direta e indireta e das fundações mantidas pelo Poder Público" (art. 4º).

Demais disso, a Lei nº 9.782/99 criou a Agência Nacional da Vigilância Nacional (ANVISA), com a função de regular a atividade privada concernente à saúde pública.
Ensina Cristiano Carvalho:

> (...) o direito sanitário é um ramo didaticamente autônomo do direito positivo, integrado pelas normas que versam, direta ou indiretamente, sobre a relação triádica entre Estado, Sociedade e Saúde Pública. Destarte, o direito sanitário consubstancia-se num controle estatal, num exercício de poder de polícia sobre as atividades exercidas pelos particulares que digam respeito, de forma direta ou não com a saúde pública, entendida não no sentido de serviços públicos, mas sim da saúde da coletividade, i.e., a soma dos cidadãos que perfazem determinado grupo social.[153]

Aponta, ainda, o autor, as cinco características fundamentais do Direito Sanitário:
1. A responsabilidade do Estado em promover a saúde pública;
2. A atuação da Administração Pública;
3. A perspectiva do interesse coletivo da sociedade;
4. As relações entre o Estado e a Sociedade, incluindo a tensão entre o interesse público e o do particular e;
5. O caráter coercitivo do direito sanitário.

Em matéria de competência material, o constituinte atribuiu a todos os entes federados (competência comum) o dever de cuidar da saúde e assistência pública, da proteção e garantia das pessoas portadoras de deficiência (art. 23, II); já o art. 30, VII prescreve que compete aos Municípios prestarem, com a cooperação técnica e financeira da União e do Estado, serviços de atendimento à saúde da população.

No que concerne à competência legislativa, estabelece o art. 24, XII que compete à União, aos Estados e ao Distrito Federal legislar concorrentemente sobre previdência social, proteção e defesa da saúde, não podendo ser esquecida a competência legislativa dos Municípios para suplementar a legislação federal e estadual, no que couber (art. 30, II).

4.10.2 Análise da jurisprudência

O STF, em matéria de Direito Sanitário e de proteção à saúde, retorna à sua tendência centralizadora, com algumas exceções.

---

[153] CARVALHO; MACHADO; TIMM. *Direito sanitário brasileiro*, p. 11-12.

Merecem o primeiro destaque diversas ações diretas de inconstitucionalidade ajuizadas contra leis do Estado do Paraná que vedavam o cultivo, a manipulação, a importação, a industrialização e a comercialização de organismos geneticamente modificados (transgênicos). Nas ADI nº 3.035/PR e nº 3.054/PR (ambas julgadas em 6 abr. 2005), o Pleno do Tribunal declarou inconstitucional a Lei estadual nº 14.162/2003 por ofensa à competência privativa da União e das normas constitucionais relativas às matérias de competência legislativa concorrente. Na ADI nº 3645/PR, julgada em 31 maio 2006, foi declarada inconstitucional a Lei estadual nº 14.861/2005, que determinava a informação quanto à presença de organismos geneticamente modificados em alimentos e ingredientes alimentares destinados ao consumo humano e animal. O STF entendeu que, seja dispondo sobre consumo (art. 24, V, CF), seja sobre proteção e defesa da saúde (art. 24, XII, CF), busca o diploma estadual impugnado inaugurar regulamentação paralela e explicitamente contraposta à legislação federal vigente (Lei nº 11.105/2005) e por isso não suplementou, mas sim tentou substituir a legislação nacional, extrapolando, portanto, da sua competência.

Em 2 ago. 2006 o Pleno do STF declarou inconstitucional a Lei nº 11.446/97 do Estado de Pernambuco, através da ADI nº 1.646/PE, porque a lei estadual regulou obrigações relativas a serviços de assistência médico-hospitalar regidos por contratos de natureza privada, universalizando a cobertura de doenças e, por isso, invadiu competência privativa da União para legislar sobre direito civil, comercial e sobre política de seguros (art. 22, I e VII, CF).

Na ADI nº 1.589/SP, julgada em 3 mar. 2005, o Tribunal Pleno do STF declarou inconstitucional a Lei nº 9.495 do Estado de São Paulo, que determinava às empresas de prestação e intermediação de serviços médico-hospitalares o atendimento de todas as enfermidades relacionadas no Código Internacional de Doenças da Organização Mundial da Saúde. Entendeu o Tribunal que a matéria é constitucionalmente atribuída à União, no art. 22, I, pois cuida da ordenação normativa de relações contratuais, tema de Direito Civil. E aqui cabe a crítica, pois sequer os ministros vislumbraram que se trata de uma relação de consumo, já que o usuário de serviços públicos também é um consumidor e, portanto, a hipótese se deslocaria para a competência legislativa concorrente prevista no art. 24, V e VIII, CF. Em seguida, no mesmo julgamento, os ministros entenderam que a ADI estava prejudicada diante da superveniência de norma federal, a Lei nº 9.656/98, ou seja, houve a revogação do texto normativo estadual pela lei federal posterior, hipótese contemplada no §4º do art. 24, CF: "a superveniência de lei federal sobre normas gerais suspende a eficácia da lei estadual, no que lhe for contrário".

O Estado do Mato Grosso, visando proteger a saúde das pessoas, editou a Lei nº 6.908/97 autorizando o uso de película de filme solar nos vidros dos veículos e com inteira razão, diante da sua peculiaridade regional: maior insolação do que nos Estados das regiões Sul e Sudeste e, com isso, maior incidência de casos de câncer de pele na população. Ocorre, porém, que o STF, através da ADI nº 1.704/MT, julgada em 1º ago. 2002, simplesmente considerou que se tratava de competência sobre trânsito e, portanto, privativa da União (art. 22, XI, CF), sem sequer um único voto divergente.

De modo diverso, o STF agiu na ADI nº 2.875/DF, julgada em 4 jun. 2008. Lei do Distrito Federal obriga os médicos públicos e particulares do DF a notificarem a Secretaria de Saúde sobre os casos de câncer de pele e neste ponto foi considerada constitucional por ser matéria inserida no âmbito de competência comum e concorrente do DF (artigos 23, I; e 24, XII, CF). No entanto, o dispositivo da lei distrital que imputa responsabilidade civil ao médico por falta de notificação caracteriza ofensa ao art. 22, I, CF, que consigna ser competência exclusiva da União legislar acerca dessa matéria (Direito Civil).

Por fim, o STF considerou constitucional a Lei nº 1.179/94, do Estado de Santa Catarina, que dispõe sobre beneficiamento de leite de cabra. No julgamento da ADI nº 1.278/SC, ocorrido em 16 maio 2007, o Tribunal Pleno considerou tal competência inserida na concorrente para legislar sobre defesa e proteção da saúde (art. 24, XII, parágrafos 1º e 2º, CF): "não usurpa competência da União lei estadual que dispõe sobre o beneficiamento de leite de cabra em condições artesanais".

4.11 Normas gerais em matéria de Direito Previdenciário

4.11.1 Conceito e objeto

A palavra *previdência* vem do latim *praevidentia* e deriva do verbo *prever*, que significar antever, conjeturar ou prognosticar, isto é, previdência significa a faculdade de ver antecipadamente situação que poderá ocorrer no futuro.

> A idéia é armazenar recursos e disciplinar sua utilização, com objetivo de dar cobertura às contingências sociais, ou seja, sustentar pessoa

quando estiver enfrentando problemas com doenças, acidentes e idade. O homem, vislumbrando essas adversidades, presentes ou futuras, toma cautela.[154]

O Direito Previdenciário, portanto, faz parte integrante do sistema de seguridade social e é de fundamental importância para manutenção do tecido social. Tem como esteio o princípio da solidariedade social (art. 3º, I, CF).

A CF/88, no art. 194, define seguridade social como "conjunto integrado de ações de iniciativa dos Poderes Públicos e da sociedade, destinada a assegurar os direitos relativos à saúde, à previdência e à assistência social".

Para o professor da PUC-SP Wagner Balera, o Sistema Nacional de Seguridade Social, do ponto de vista sistemático, visa à implementação do ideal estágio de bem-estar e da justiça sociais.[155] Para construção desta estrutura o legislador adotou técnicas de seguro social (previdência social) e de seguro privado (previdência complementar).

O seu objeto é disciplinar a previdência social, regrando a relação jurídica de benefício e de custeio previdenciário, além da relação jurídica de previdência complementar. Através da relação jurídica previdenciária é possível o amparo dos beneficiários (segurados e dependentes) quando estes se deparam com eventos previamente selecionados que os coloquem numa situação de necessidade social em virtude da impossibilidade de obtenção de sua própria subsistência ou do aumento das despesas.

Note-se que, pela importância do tema, a CF determinou que é de competência comum da União, dos Estados, do Distrito Federal e dos Municípios cuidar da saúde e assistência pública, da proteção e garantia das pessoas portadoras de deficiência (art. 23, II).

Não é por outra razão que a CF, no art. 6º, estabelece que o direito à previdência social é um dos direitos sociais.

O Sistema Previdenciário Brasileiro engloba o Regime Geral de Previdência Social (RGPS), gerido e administrado pela autarquia federal Instituto Nacional do Seguro Social (INSS), os regimes próprios de previdência (dos servidores públicos federais, dos militares, dos parlamentares, dos membros do Poder Judiciário, dos servidores dos Estados, Distrito Federal e Municípios) e a Previdência Complementar.

---

[154] GONÇALES. *Direito previdenciário para concursos*, p. 25.
[155] BALERA. *Sistema de seguridade social*, p. 11.

Nesse sentido, o art. 201 da CF prescreve que a previdência social será organizada sob a forma de regime geral, de caráter contributivo e de filiação obrigatória, observados critérios que preservem o equilíbrio financeiro e atuarial, e atenderá, nos termos da lei, a cobertura dos eventos de doença, invalidez, morte e idade avançada; proteção à maternidade, especialmente à gestante; proteção ao trabalhador em situação de desemprego involuntário; salário-família e auxílio reclusão para os dependentes dos segurados de baixa renda; pensão por morte do segurado, homem ou mulher, ao cônjuge ou companheiro e dependentes.

O Regime Geral de Previdência Social, que congrega o maior número de beneficiários, é regido pelas leis nº 8.212/91 (Plano de Custeio ou Lei Orgânica da Seguridade Social), nº 8.213/91 (Plano de Benefícios da Previdência Social), e nº 8.742/93 (Lei de Organização da Assistência Social).

São princípios da seguridade social (parágrafo único do art. 194 da CF): universalidade da cobertura e do atendimento; uniformidade e equivalência dos benefícios e serviços às populações urbanas e rurais; seletividade e distributividade na prestação dos benefícios e serviços; irredutibilidade do valor dos benefícios; equidade na forma de participação no custeio; diversidade da base de financiamento; caráter democrático e descentralizado da administração, mediante gestão quadripartite, com participação dos trabalhadores, dos empregadores, dos aposentados e do Governo nos órgãos colegiados.

Já os princípios da assistência social são (art. 203, CF): a proteção à família, à maternidade, à infância, à adolescência e à velhice; o amparo às crianças e adolescentes carentes; a promoção da integração ao mercado de trabalho; a habilitação e reabilitação das pessoas portadoras de deficiência e a promoção de sua integração à vida comunitária; a garantia de um salário mínimo de benefício mensal à pessoa portadora de deficiência e ao idoso que comprovem não possuir meios de prover à própria manutenção ou de tê-la provida por sua família, conforme dispuser a lei (Lei nº 8.742/93).

No tocante à competência legislativa, o art. 22, inciso XXIII, CF, determina que é privativa da União sobre seguridade social. Já no tocante à previdência social (art. 24, XII), proteção e integração social das pessoas portadoras de deficiência (art. 24, XIV) e proteção à infância e à juventude (art. 24, XV), é competência legislativa concorrente entre União, Estados-membros e Distrito Federal.

4.11.2 Análise da jurisprudência

Hipótese interessante ocorreu na Ação Cível Originária nº 830, com pedido de tutela antecipada, ajuizada perante o STF pelo Estado do Paraná e Paranaprevidência, instituição gestora do sistema previdenciário paranaense. Na referida ação, os autores requereram que a ré, União, fosse condenada a efetivar o repasse da compensação previdenciária, abster-se de efetivar sanção em decorrência de descumprimento relativos à Lei nº 9.717/98, bem como expedir o Certificado de Regularidade Previdenciária e não obstacularizar as operações financeiras previstas no art. 7º da referida Lei e no art. 1º do Decreto nº 3.788/2001. Em contestação, a União sustentou que editou norma geral disciplinando a matéria, com fundamento no art. 24, XII, CF. O ilustre Ministro relator Marco Aurélio deferiu o pedido de antecipação de tutela porque vislumbrou que o art. 9º da Lei nº 9.717/98 extravasou o campo alusivo a normas gerais, considerada a competência estadual em matéria de previdência social. Mencionado dispositivo atribuía competência à Administração Pública Federal, através do Ministério da Previdência, para orientação, supervisão e o acompanhamento dos regimes próprios de previdência social dos servidores dos Estados-membros, do Distrito Federal e dos Municípios e dos respectivos fundos. Mais do que isso, o art. 7º da citada Lei dispôs sobre sanções diante do descumprimento das normas — tais como suspensão das transferências voluntárias de recursos pela União; impedimento para celebrar acordos, convênios ou contratos, bem como receber empréstimos ou financiamentos da Administração Federal Direta ou Indireta; suspensão de empréstimos e financiamentos por instituições financeiras federais. Assim, resta óbvio que essas normas não foram consideradas como gerais e, portanto, atentaram contra a autonomia dos entes federados. Por fim, ressalto que referida decisão antecipatória de tutela foi referendada pelo Tribunal Pleno em 29 out. 2007.

Na Medida Cautelar da ADI nº 2.311/MS, julgada pelo Pleno em 7 mar. 2002, foi considerada inconstitucional Lei nº 2.120/99 do Estado do Mato Grosso do Sul, por violação dos artigos 24, parágrafos 1º e 4º, 40 e 195, *caput*, §5º, CF, ao indicar os filhos solteiros, com idade até 24 anos e frequência a cursos superiores ou técnico de 2º grau como dependentes, para fins previdenciários, no referido Estado-membro. Explica-se: o §5º do art. 195 da CF, na redação da EC nº 20/98, estipula que nenhum benefício ou serviço de seguridade social poderá ser criado, majorado ou estendido sem a correspondente fonte de custeio total. Por sua vez, o art. 5º da Lei nº 9.717/98 dispõe que "os regimes próprios de previdência social dos servidores públicos da União, dos Estados, do Distrito Federal e dos Municípios, dos militares dos Estados, e do Distrito Federal, não poderão conceder benefícios distintos dos previstos no Regime Geral de Previdência Social, de que trata a Lei nº 8.213/91". Daí porque restou assentado no julgamento que a "extensão do benefício impugnado se fez sem qualquer previsão de correspondente fonte de custeio. A competência concorrente dos Estados em matéria previdenciária, não autoriza se desatendam os fundamentos básicos do sistema previdenciário, de origem constitucional".

4.12 Normas gerais em matéria de Direito Penitenciário

4.12.1 Conceito e objeto

O Direito Penitenciário surgiu no século XVIII, a partir do desenvolvimento da instituição prisional e dos estudos de Cesare Beccaria (*Dos delitos e das penas*, de 1764), que promoveu uma verdadeira batalha contra a crueldade das penas.

A prisão, por sua vez, institucionalizou-se à luz do Direito Canônico, com um caráter penitente e progrediu para um enfoque reeducativo, propalando, modernamente, o discurso do tratamento ressocializador do agente. Mas esse discurso oficial é amplamente descumprido, com altos índices de reincidência, e a ideologia do tratamento ressocializador mostrou-se inviável em termos de operacionalização, sendo que a prisão só subsiste como pena porque, como diz Michel Foucault, não se sabe o que por em o seu lugar: "conhecem-se todos os inconvenientes da prisão, e sabe-se que é perigosa, quando não inútil. E entretanto não 'vemos' o que pôr em seu lugar. Ela é a detestável solução, de que não se pode abrir mão".[156]

A denominação Direito Penitenciário, utilizada no Brasil à semelhança dos penalistas franceses, acabou por prevalecer em relação a outras denominações mais abrangentes, tais como "Direito de Execução Penal" (como consta na exposição de motivos da Lei de Execução Penal) ou "Direito Penal Executivo". Isso porque a CF/88 fez essa opção no art. 24, inciso I.

Aliás, a CF consubstancia a humanização dos direitos do preso, pois garante que: nenhuma pena passará da pessoa do condenado (art. 5º, XLV); não haverá penas de morte (salvo em caso de guerra declarada),

---
[156] FOUCAULT. *Vigiar e punir*: história da violência nas prisões, p. 218.

de caráter perpétuo, de trabalhos forçados, de banimento e cruéis (art. 5º, XLVII); a pena será cumprida em estabelecimentos distintos, de acordo com a natureza do delito, a idade e o sexo do apenado (art. 5º, XLVIII); é assegurado aos presos o respeito à integridade física e moral (art. 5º, XLIX); às presidiárias serão asseguradas condições para que possam permanecer com seus filhos durante o período de amamentação (art. 5º, L); e o Estado indenizará o condenado por erro judiciário, assim como o que ficar preso além do tempo fixado na sentença (art. 5º, LXXV).

Conforme salienta Jason Albergaria, "o Direito Penitenciário refere-se ao conjunto de normas jurídicas que disciplina o tratamento dos sentenciados";[157] ou na esteira de Armida Bergamini Miotto, que é mais específica, é o "conjunto de normas jurídicas relativas ao tratamento do preso e ao modo de execução da pena privativa de liberdade, abrangendo, por conseguinte, o regulamento penitenciário".[158]

Questão tormentosa e complexa diz respeito à natureza da execução penal no Brasil. Alguns consideram que a matéria pertence ao Direito Administrativo, outros a consideram inserida no campo do Direito Penal e há ainda aqueles que a vislumbram abarcada pelo Direito Processual Penal, no entanto Júlio Fabbrini Mirabete esclarece:

> Realmente, a natureza jurídica da execução penal não se confina no terreno do direito administrativo e a matéria é regulada à luz de outros ramos do ordenamento jurídico, especialmente o direito penal e o direito processual. Há uma parte da atividade de execução que se refere especificamente a providências administrativas e que fica a cargo das autoridades penitenciárias e, ao lado disso, desenvolve-se a atividade do juízo da execução ou atividade judicial da execução. Como bem acentua Ada Pellegrini Grinover, não se nega que a execução penal é uma atividade complexa, que se desenvolve entrosadamente nos planos jurisdicional e administrativo, e não se desconhece que dessa atividade participam dois Poderes: o Judiciário e o Executivo, por intermédio, respectivamente, dos órgãos jurisdicionais e estabelecimentos penais. Diante desse caráter híbrido e dos limites ainda imprecisos da matéria, afirma-se na exposição de motivos do projeto que se transformou na Lei de Execução Penal: "Vencida a crença histórica de que o direito regulador da execução é de índole predominantemente administrativa, deve-se reconhecer, em nome de sua própria autonomia, a impossibilidade de sua inteira submissão aos domínios do Direito Penal e do Direito Processual Penal".[159]

---

[157] ALBERGARIA. *Manual de direito penitenciário*, p. 26.
[158] MIOTTO. *Curso de direito penitenciário*, v. 1, p. 59.
[159] MIRABETE. *Execução penal*: comentários à Lei n. 7.210, de 11-7-84, p. 25.

Da mesma forma, Jason Albergaria esclarece:

(...) a construção sistemática do Direito Penitenciário deriva da unificação ontológica de normas do Direito Penal, do Direito Processual Penal, do Direito Administrativo, do Direito do Trabalho e da contribuição das ciências criminológicas, sob o influxo dos princípios de proteção dos direitos da pessoa do preso, humanidade, legalidade e jurisdicionalidade da execução penal.[160]

Por fim, convém lembrar que, a despeito da competência legislativa em matéria de Direito Penal e Processual ter sido atribuída com privatividade à União (art. 22, I, CF), o Direito Penitenciário foi inserido no inciso I do art. 24, CF, ou seja, trata-se de competência concorrente entre União, Estados e Distrito Federal. A Lei nº 7.210/84 é a Lei de Execução Penal em vigor e, em seu art. 1º, prescreve que a execução penal tem por objetivo efetivar as disposições de sentença ou decisão criminal e proporcionar condições para a harmônica integração social do condenado e do internado.

4.12.2 Análise da jurisprudência

Na já citada ADI nº 882/MT, julgada em 19 fev. 2004, voltada contra dispositivos da LC nº 20/92, do Estado de Mato Grosso, que dispõe sobre a organização e o Estatuto da Polícia Judiciária Civil do mencionado Estado, o Tribunal não conheceu da ação quanto aos incisos II e III do art. 104 da norma impugnada — que asseguram ao policial civil o direito de ser mantido em sela especial quando preso, bem como o recolhimento em presídio especial quando, por sentença condenatória transitada em julgado, vier a ser decretada a perda da função pública —, por entender que, tratando-se de matéria afeta ao Direito Penitenciário, cuja competência é concorrente da União e dos Estados (CF, art. 24, I), seria necessária a análise prévia de legislação infraconstitucional, tornando incompatível o controle abstrato de constitucionalidade.

Por fim, a 2ª Turma do STF, no julgamento do HC nº 97.611/RS, de 26 maio 2009, assentou que o regime penitenciário do Estado do Rio Grande do Sul não tem a virtude de regular a prescrição de infração disciplinar perpetrada pelo interno no cárcere, isso porque compete privativamente à União legislar sobre Direito Penal (art. 22, I, CF).

---

[160]ALBERGARIA. *Manual de direito penitenciário*, p. 25-26.

Referências

ALBERGARIA, Jason. *Manual de direito penitenciário*. Rio de Janeiro: Aide, 1993.

ALVAREZ GARCÍA, Vicente. El reparto de competencias en materia medioambiental y su alteración en situaciones de necesidad. *Revista de Derecho Urbanístico y Medio Ambiente*, v. 31, n. 151, p. 127-174, 1997.

ANTUNES, Paulo de Bessa. *Direito ambiental*. 11. ed. amplamente reform. Rio de Janeiro: Lumen Juris, 2008.

ATALIBA, Geraldo (Coord.). *Elementos de direito tributário*. São Paulo: Revista dos Tribunais, 1978.

ATALIBA, Geraldo. *Hipótese de incidência tributária*. 6. ed. 2. tiragem. São Paulo: Malheiros, 2001.

ATALIBA, Geraldo. *Lei complementar na Constituição*. São Paulo: Revista dos Tribunais, 1971.

ATALIBA, Geraldo. *Normas gerais de direito financeiro e regime jurídico das autarquias*. São Paulo: Imprensa Oficial, 1965.

ATALIBA, Geraldo. Normas gerais de direito financeiro e tributário e autonomia dos Estados e municípios: limites à norma geral: Código Tributário Nacional. *Revista de Direito Público*, v. 2, n. 10, p. 45-80, out./dez. 1969.

ATALIBA, Geraldo. *República e Constituição*. São Paulo: Revista dos Tribunais, 1985.

ATALIBA, Geraldo. *Sistema constitucional tributário brasileiro*. 2. ed. São Paulo: Revista dos Tribunais, 1968.

BALEEIRO, Aliomar. *Limitações constitucionais ao poder de tributar*. 7. ed. rev. e complementada à luz da Constituição de 1988 até a Emenda Constitucional nº 10/1996 por Misabel Abreu Machado Derzi. 4. tiragem. Rio de Janeiro: Forense, 2001.

BALEEIRO, Aliomar. *Uma introdução à ciência das finanças*. 14. ed. rev. atual. por Flavio Bauer Novelli. Rio de Janeiro: Forense, 1984.

BALERA, Wagner. *Sistema de seguridade social*. São Paulo: LTr, 2000.

BANDEIRA DE MELLO, Celso Antônio. *Curso de direito administrativo*. 14. ed. refund., ampl. e atual. até a Emenda Constitucional 35, de 20.12.2001. São Paulo: Malheiros, 2002.

BANDEIRA DE MELLO, Celso Antônio. *Curso de direito administrativo*. 25. ed. rev. e atual. até a Emenda Constitucional 56, de 20.12.2007. São Paulo: Malheiros, 2008.

BANDEIRA DE MELLO, Celso Antônio. Licitações: inaplicabilidade da nova regulação sobre licitações a estados e municípios e inconstitucionalidade radical do Decreto-lei 2.300/86. *Revista de Direito Público*, v. 20, n. 83, p. 16-28, jul./set. 1987.

BARDET, Gaston. *L'urbanisme*. 8ᵉ éd. rev. Paris: Presses Universitaires de France, 1975.

BASTOS, Aurélio Wander. *O ensino jurídico no Brasil*. Rio de Janeiro: Lumen Juris, 1998.

BASTOS, Celso Ribeiro. *Curso de direito constitucional*. São Paulo: Celso Bastos, 2002.

BASTOS, Celso Ribeiro. *Hermenêutica e interpretação constitucional*. 3. ed. rev. e ampl. São Paulo: Celso Bastos, 2002.

BECKER, Alfredo Augusto. *Teoria geral do direito tributário*. São Paulo: Saraiva, 1963.

BOAVENTURA, Edivaldo M. *A educação brasileira e o direito*: conforme Lei n. 9394/96: Lei de Diretrizes e Bases da Educação Nacional. Belo Horizonte: Ciência Jurídica, 1997.

BOBBIO, Norberto. *Teoria do ordenamento jurídico*. Tradução de Maria Celeste Cordeiro Leite dos Santos. 5. ed. Brasília: UnB, 1994.

BORGES, Alice Maria Gonzalez. *Normas gerais no estatuto de licitações e contratos administrativos*. São Paulo: Revista dos Tribunais, 1991.

BORGES, José Souto Maior. *Lei complementar tributária*. São Paulo: Revista dos Tribunais; Educ, 1975.

BORGES, José Souto Maior. Normas gerais de direito tributário. *In*: ATALIBA, Geraldo (Coord.). *Elementos de direito tributário*. São Paulo: Revista dos Tribunais, 1978.

BORGES, José Souto Maior. Normas gerais do direito tributário, inovações do seu regime na Constituição de 1988. *Revista de Direito Tributário*, n. 87, p. 64-71, 2003.

CARDOSO, Auta Alves. *Normas gerais de direito tributário*. 1992. 141 f. Dissertação (Mestrado) – Pontifícia Universidade Católica de São Paulo, São Paulo, 1992.

CARNELUTTI, Francesco. *Instituciones del nuevo proceso civil italiano*. Traducción de Miguel Guasp. Barcelona: Bosch, 1942.

CARRAZZA, Roque Antônio. *Conflitos de competência*: um caso concreto. São Paulo: Revista dos Tribunais, 1984.

CARRAZZA, Roque Antonio. *Curso de direito constitucional tributário*. 19. ed. rev. ampl. e atual. até a Emenda Constitucional n. 39/2002. São Paulo: Malheiros, 2003.

CARVALHO PINTO, Carlos Alberto A. de. *Normas gerais de direito financeiro*: interpretação da letra "b", inciso XV do artigo 5 da Constituição Federal, procedida a proposito dos trabalhos da III Conferência de Técnicos em Contabilidade Pública e Assuntos Fazendários, a se realizar na Capital Federal em agosto de 1949. São Paulo: Prefeitura do Município, 1949.

CARVALHO, Cristiano; MACHADO, Rafael Bicca; TIMM, Luciano Benetti. *Direito sanitário brasileiro*. São Paulo: Quartier Latin, 2004.

CARVALHO, Paulo de Barros. *Curso de direito tributário*. 15. ed. rev. e atual. São Paulo: Saraiva, 2003.

CARVALHO, Paulo de Barros. O campo restrito das normas gerais de direito tributário. *Revista dos Tribunais*, v. 60, n. 433, p. 297-303, nov. 1971.

CARVALHOSA, Modesto. *Direito econômico*. São Paulo: Revista dos Tribunais, 1973.

COMPARATO, Fábio Konder. O indispensável direito econômico. *Revista dos Tribunais*, v. 54, n. 353, p. 14-26, mar. 1965.

CRETELLA JÚNIOR, José. *Comentários a Constituição Brasileira de 1988*. Rio de Janeiro: Forense Universitária, 1989. v. 1.

CUSTÓDIO, Helita Barreira. Competência municipal e direito ambiental. *Revista de Direito Civil, Imobiliário, Agrário e Empresarial*, v. 17, n. 65, p. 84-103, jul./set. 1993.

CUSTÓDIO, Helita Barreira. *Responsabilidade civil por danos ao meio ambiente*. Campinas: Millenium, 2006.

DALLARI, Adilson Abreu. *Aspectos jurídicos da licitação*. 6. ed. atual. São Paulo: Saraiva, 2003.

DALLARI, Adilson Abreu. Lei estadual de concessões e legislação federal superveniente. *Revista Trimestral de Direito Público*, n. 11, p. 68-74, 1995.

DALLARI, Adilson Abreu; FERRAZ, Sérgio (Coord.). *Estatuto da cidade*: comentários à Lei Federal 10.257/2001. São Paulo: Malheiros, 2002.

DAVID, René. *Os grandes sistemas do direito contemporâneo*. Tradução de Hermínio A. Carvalho. 4. ed. São Paulo: Martins Fontes, 2002.

DI DIO, Renato Alberto Teodoro. *Contribuição à sistematização do direito educacional*. São Paulo, 1981. Tese (Livre-docência) – Faculdade de Educação, Universidade de São Paulo, São Paulo, 1981.

DI PIETRO, Maria Sylvia Zanella. *Direito administrativo*. 17. ed. atual. com a reforma previdenciária, EC n. 41/03. São Paulo: Atlas, 2004.

DI SARNO, Daniela Campos Libório. Competências urbanísticas (arts. 3º e 51). *In*: DALLARI, Adilson Abreu; FERRAZ, Sérgio (Coord.). *Estatuto da cidade*: comentários à Lei Federal 10.257/2001. São Paulo: Malheiros, 2002.

DI SARNO, Daniela Campos Libório. *Elementos de direito urbanístico*. Barueri: Manole, 2004.

ELAZAR, Daniel J. The Role of Federalism in Political Integration. *In*: ELAZAR, Daniel J. (Ed.). *Federalism and Political Integration*. Ramat Gan, Israel: Turtledove, 1979.

ENGISCH, Karl. *Introdução ao pensamento jurídico*. Tradução de J. Batista Machado. 8. ed. Lisboa: Fundação Calouste Gulbenkian, 2001.

ESTEVES, Maria do Rosário. *Normas gerais de direito tributário*. São Paulo: M. Limonad, 1997.

FARIAS, Paulo José Leite. *Competência federativa e proteção ambiental*. Porto Alegre: S.A. Fabris, 1999.

FERRAZ JÚNIOR, Tercio Sampaio. Normas gerais e competência concorrente: uma exegese do art. 24 da Constituição Federal. *Revista da Faculdade de Direito da Universidade de São Paulo*, v. 90, p. 245-251, 1995.

FERRAZ JÚNIOR, Tercio Sampaio. Segurança jurídica e normas gerais tributárias. *Revista de Direito Tributário*, v. 5, n. 17/18, p. 51-56, jul./dez. 1981.

FIGUEIREDO, Lúcia Valle. Competências administrativas dos Estados e municípios. *In*: FIGUEIREDO, Lúcia Valle. *Direito público*: estudos. Belo Horizonte: Fórum, 2007. p. 65-91.

FIGUEIREDO, Lúcia Valle. *Direitos dos licitantes*. 4. ed. rev. ampl. e atual. pela Lei 8.666/93, com comentários tópicos à lei de licitações. São Paulo: Malheiros, 1994.

FIGUEIREDO, Lúcia Valle. Discriminação constitucional das competências ambientais: aspectos pontuais do regime jurídico das licenças ambientais. *In*: FIGUEIREDO, Lúcia Valle. *Direito público*: estudos. Belo Horizonte: Fórum, 2007. p. 447-469.

FIGUEIREDO, Lúcia Valle. Estado de Direito e devido processo legal. *Revista de Direito Administrativo*, n. 209, p. 7-18, jul./set. 1997.

FIGUEIREDO, Lúcia Valle. *Estudos de direito tributário*. São Paulo: Malheiros, 1996.

FOUCAULT, Michel. *Vigiar e punir*: história da violência nas prisões. Tradução de Raquel Ramalhete. 36. ed. Petrópolis: Vozes, 2009.

FREITAS, Vladimir Passos de. *A Constituição Federal e a efetividade das normas ambientais*. São Paulo: Revista dos Tribunais, 2000.

FREITAS, Vladimir Passos de. *A Constituição Federal e a efetividade das normas ambientais*. 3. ed. rev. atual. e ampl. São Paulo: Revista dos Tribunais, 2005.

GARCIA, Emerson. *Conflito entre normas constitucionais*: esboço de uma teoria geral. Rio de Janeiro: Lumen Juris, 2008.

GASPARINI, Diogenes. *Direito administrativo*. 11. ed. rev. e atual. São Paulo: Saraiva, 2006.

GIANNINI, Achille Donato. *Elementi di diritto finanziario*. Milano: Giuffrè, 1945.

GONÇALES, Odonel Urbano. *Direito previdenciário para concursos*. 2. ed. São Paulo: Atlas, 2002.

GRAU, Eros Roberto. *A ordem econômica na Constituição de 1988*: interpretação e crítica. 8. ed. rev. e atual. São Paulo: Malheiros, 2003.

GRAU, Eros Roberto. *Licitação e contrato administrativo*: estudo sobre a interpretação da lei. São Paulo: Malheiros, 1995.

HESSE, Konrad. *Elementos de direito constitucional da República Federal da Alemanha*. Tradução da 20. ed. alemã de Luís Afonso Heck. Porto Alegre: S.A. Fabris, 1998.

HORTA, Raul Machado. Repartição de competências na Constituição Federal de 1988. *Revista Forense*, v. 87, n. 315, p. 55-66, jul./set. 1991.

JUSTEN FILHO, Marçal. *Comentários à Lei de Licitações e contratos administrativos*. 9. ed. São Paulo: Dialética, 2002.

KELSEN, Hans. *Teoría general del Estado*. Traducción directa del alemán por Luis Legaz Lacambra. México, DF: Editora Nacional, 1973.

MACHADO, Hugo de Brito. *Curso de direito tributário*. 19. ed. rev. atual. e ampl. de acordo com as Leis Complementares n. 104 e 105, de 10.1.2001. São Paulo: Malheiros, 2001.

MACHADO, Paulo Affonso Leme. *Direito ambiental brasileiro*. 16. ed. rev. atual. e ampl. São Paulo: Malheiros, 2008.

MARQUES NETO, Floriano Peixoto de Azevedo. Normas gerais de licitação – Doação e permuta de bens de Estados e de Municípios – Aplicabilidade de disposições da Lei Federal nº 8.666/93 aos entes federados (Comentários a acórdão do STF ADINCONST 927-3-RS). *Revista Trimestral de Direito Público*, v. 12, p. 173-191, 1995.

MARTINS, Ives Gandra da Silva (Coord.). *Lei complementar tributária*. São Paulo: Resenha Tributária: Centro de Estudos de Extensão Universitária, 1990. (Caderno de Pesquisas Tributarias, v. 15).

MARTINS, Ives Gandra da Silva. *Sistema tributário na Constituição de 1988*. São Paulo: Saraiva, 1989.

MAXIMILIANO, Carlos. *Hermenêutica e aplicação do direito*. 10. ed. Rio de Janeiro: Forense, 1988.

MEIRELLES, Hely Lopes. *Direito municipal brasileiro*. 5. ed. atual. São Paulo: Revista dos Tribunais, 1985.

MEIRELLES, Hely Lopes. Direito urbanístico: competências legislativas. *Revista de Direito Público*, v. 18, n. 73, p. 95-105, jan./mar. 1985.

MEIRELLES, Hely Lopes. O processo administrativo. *Revista dos Tribunais*, n. 483, p. 11 et seq., jan. 1976

MIOTTO, Armida Bergamini. *Curso de direito penitenciário*. São Paulo: Saraiva, 1975. 2 v.

MIRABETE, Júlio Fabbrini. *Execução penal*: comentários à Lei n. 7.210, de 11-7-84. 8. ed., rev. e atual. até agosto de 1997. São Paulo: Atlas, 1997.

MIRRA, Álvaro Luiz Valery. *Impacto ambiental*: aspectos da legislação brasileira. 2. ed. rev. e ampl. São Paulo: J. de Oliveira, 2002.

MODESTO, Paulo. As fundações estatais de direito privado e o debate sobre a nova estrutura orgânica da Administração Pública. *Revista Eletrônica sobre a Reforma do Estado – RERE*, Salvador, Instituto Brasileiro de Direito Público, n. 14, jun./ago, 2008. Disponível em: <http://www.direitodoestado.com.br/rere. asp>. Acesso em: 27 out. 2010.

MOREIRA NETO, Diogo de Figueiredo. A competência legislativa e executiva do município em matéria ambiental: a nova organização federal e as atribuições do município na proteção, conservação e melhoria do meio ambiente. *Revista de Informação Legislativa*, v. 28, n. 111, p. 123-138, jul./set. 1991.

MOREIRA NETO, Diogo de Figueiredo. Competência concorrente limitada: o problema da conceituação das normas gerais. *Revista de Informação Legislativa*, v. 25, n. 100, p. 127-162, out./dez. 1988.

MOREIRA NETO, Diogo de Figueiredo. Interferências entre poderes do Estado: fricções entre o Executivo e o Legislativo na Constituição de 1988. *Revista de Informação Legislativa*, v. 26, n. 103, p. 5-26, jul./set. 1989.

MOREIRA NETO, Diogo de Figueiredo. *Introdução ao direito ecológico e ao direito urbanístico*: instrumentos jurídicos para um futuro melhor. 2. ed. rev. e aum. Rio de Janeiro: Forense, 1977.

PASSOS, José Joaquim Calmon de. Meio ambiente e urbanismo: compreendendo, hoje, o Código Florestal de ontem. *Revista Magister de Direito Ambiental e Urbanístico*, v. 2, n. 7, p. 37-51, ago./set. 2006.

PEREIRA, Cesar A. Guimarães. Licitações para os Jogos Olímpicos de 2016 e a Copa de 2014: as MPs 488 e 489, de 2010. *Informativo Justen, Pereira, Oliveira e Talamini*, n. 40, jun. 2010. Disponível em: <http://www.justen.com.br// informativo.php?informativo=40&artigo=254>. Acesso em: 27 out. 2010.

RAMOS, Dircêo Torrecillas. *O federalismo assimétrico*. São Paulo: Plêiade, 1998.

REALE, Miguel. Competências constitucionais: legislação sobre urbanismo. *Revista de Direito Público*, v. 18, n. 75, p. 42-54, jul./set. 1985.

REALE, Miguel. *Nos quadrantes do direito positivo*: estudos e pareceres. São Paulo: Michalany, 1960.

ROSA JUNIOR, Luiz Emygdio Franco da. *Manual de direito financeiro & direito tributário*. 18. ed. Rio de Janeiro: Renovar, 2005.

SANTOS, Altamiro José dos. Direitos do consumidor. *Revista do Instituto dos Advogados do Paraná – IAP*, Paraná, n. 10, p. 78-79, 1987.

SILVA, José Afonso da. *Curso de direito constitucional positivo*. 29. ed. rev. e atual. até a Emenda Constitucional n. 53, de 19.12.2006. São Paulo: Malheiros, 2007.

SILVA, José Afonso da. *Direito ambiental constitucional*. 3. ed. rev. e atual. São Paulo: Malheiros, 2000.

SILVA, José Afonso da. *Direito urbanístico brasileiro*. 5. ed. rev. e atual. São Paulo: Malheiros, 2008.

SOARES, Mário Lúcio Quintão. *Teoria do Estado*: o substrato clássico e os novos paradigmas como pré-compreensão para o direito constitucional. Belo Horizonte: Del Rey, 2001.

SOUSA, Rubens Gomes de. *Compêndio de legislação tributária*. Ed. póstuma. São Paulo: Resenha Tributária, 1975.

SOUSA, Rubens Gomes de. Normas gerais do direito financeiro. *Revista de Direito Administrativo*, n. 37, p. 12-34, jul./set. 1954.

SOUSA, Rubens Gomes de; ATALIBA, Geraldo; CARVALHO, Paulo de Barros. *Comentários ao Código Tributário Nacional*: parte geral. 2. ed. São Paulo: Revista dos Tribunais, 1985.

SOUZA, Hamilton Dias de. Normas gerais de direito tributário. *In*: SOUZA, Hamilton Dias de et al. *Direito tributário 2*. São Paulo: J. Bushatsky, 1973. p. 15-46.

SOUZA, Washington Peluso Albino de. Normas gerais de direito econômico. *In*: TEIXEIRA, Sálvio de Figueiredo (Coord.). *Estudos em homenagem ao Ministro Adhemar Ferreira Maciel*. São Paulo: Saraiva, 2001. p. 743-775.

SOUZA, Washington Peluso Albino de. *Primeiras linhas de direito econômico*. 6. ed. São Paulo: LTr, 2005.

SUNDFELD, Carlos Ari. A importância do procedimento administrativo. *Revista de Direito Público*, v. 20, n. 84, p. 64-74, out./dez. 1987.

SUNDFELD, Carlos Ari. Sistema constitucional das competências. *Revista Trimestral de Direito Público*, n. 1, p. 272-281, 1993.

TAVARES, André Ramos. As competências legislativas e o STF. *Carta Forense*, São Paulo, 19 mar. 2008. Disponível em: <http://www.cartaforense.com.br/Materia.aspx?id=197>. Acesso em: 27 out. 2010.

TAVARES, André Ramos. *Curso de direito constitucional*. São Paulo: Saraiva, 2002.

TEIXEIRA NETO, João Luiz. O peculiar interesse municipal. *Revista de Direito Público*, v. 14, n. 64, p. 212, out./dez. 1982.

TEIXEIRA, Ana Carolina Wanderley. *Região metropolitana*: instituição e gestão contemporânea: dimensão participativa. Belo Horizonte: Fórum, 2005.

TEIXEIRA, Sálvio de Figueiredo (Coord.). *Estudos em Homenagem ao Ministro Adhemar Ferreira Maciel*, São Paulo: Saraiva, 2001.

TORRES, Ricardo Lobo. *Sistemas constitucionais tributários*. Rio de Janeiro: Forense, 1986. (Tratado de Direito Tributário Brasileiro, v. 2, t. 2).

ULHÔA CANTO, Gilberto de. Lei complementar tributária. In: MARTINS, Ives Gandra da Silva (Coord.). *Lei complementar tributária*. São Paulo: Resenha Tributária: Centro de Estudos de Extensão Universitária, 1990. (Caderno de Pesquisas Tributarias, v. 15). p. 1-47.

ULHÔA CANTO, Gilberto de. *Temas de direito tributário*. Rio de Janeiro: Alba, 1964.

VEDEL, Georges. *Manuel élémentaire de droit constitutionnel*. Paris: Dalloz, 2002.

VELLOSO, Carlos Mário da Silva. Estado federal e Estados federados na Constituição Brasileira de 1988: o equilíbrio federativo. In: VELLOSO, Carlos Mário da Silva. *Temas de direito público*. Belo Horizonte: Del Rey, 1994. p. 361-397.

VITTA, Heraldo Garcia. Da definição e da divisão: no direito; da classificação das competências das pessoas políticas e o meio ambiente. *Revista Trimestral de Direito Público*, n. 19, p. 185-202, 1997.

ANEXO

Anteprojeto da Lei Orgânica da Administração Pública[1]

Estabelece normas gerais sobre a administração pública direta e indireta, as entidades paraestatais e as de colaboração.

O PRESIDENTE DA REPÚBLICA:
Faço saber que o Congresso Nacional decreta e eu sanciono a seguinte Lei:

TÍTULO I
Disposição Preliminar

Art. 1º Esta Lei estabelece normas gerais sobre a administração pública direta e indireta, as entidades paraestatais e as de colaboração.

TÍTULO II
Das Entidades Estatais

CAPÍTULO I
Disposições Preliminares

Art. 2º São pessoas jurídicas de direito público, como entidades estatais de caráter político-administrativo, a União, os Estados, o Distrito Federal e os Municípios.

Art. 3º A administração pública compreende a administração direta e a administração indireta.

Art. 4º A administração direta é organizada com base na hierarquia e na desconcentração, sendo composta por órgãos, sem personalidade jurídica, os quais podem dispor de autonomia, nos termos da Constituição e da lei.

Art. 5º A criação e a extinção de órgão da administração direta dependem de lei de iniciativa do Chefe do Executivo.

Art. 6º A organização e o funcionamento da administração direta serão regulados por decreto que, nos termos e limites da Constituição, e respeitadas as áreas de competências previstas em lei, poderá:
I - estabelecer a estrutura interna dos órgãos do Poder Executivo, observada a estrutura básica prevista em lei;
II - desmembrar, concentrar, deslocar ou realocar atribuições de órgãos;
III - fazer remanejamento e alterar a denominação de órgãos; e
IV - redistribuir cargos, empregos e funções entre órgãos.
Parágrafo único. A competência referida no *caput* pode ser delegada, na forma da Constituição.

Art. 7º A administração indireta é integrada por entidades, com personalidade jurídica, dotadas de autonomia administrativa e funcional, vinculadas aos fins definidos em suas leis específicas.

Art. 8º A administração indireta compreende:
I - entidades estatais de direito público: autarquias;
II - entidades estatais de direito privado: empresas estatais, fundações estatais e

---

[1] Autoria: Comissão de Juristas constituída pela Portaria nº 426, de 6 dez 2007, do Ministério do Planejamento, Orçamento e Gestão. Projeto apresentado em 16 jul. 2009.

consórcios públicos com personalidade de direito privado.

Art. 9º As entidades estatais podem ter subsidiárias, que se integram à administração indireta, devendo sua instituição observar o disposto nos incisos XIX e XX do art. 37 da Constituição.
§1º São subsidiárias:
I - das autarquias, as empresas estatais, fundações estatais e autarquias por elas controladas;
II - das empresas estatais, as empresas estatais e fundações estatais por elas controladas;
III - das fundações estatais, as empresas estatais e fundações estatais por elas controladas.
§2º A subsidiária vincula-se diretamente à entidade estatal que a controla e indiretamente ao órgão supervisor desta.

Art. 10. As entidades estatais podem:
I - participar, quando autorizadas por lei específica, do capital de empresa não estatal, desde que isso não lhes confira, de modo permanente, preponderância nas deliberações sociais ou poder para eleger a maioria dos administradores;
II - participar, quando autorizadas por lei específica, do capital e do controle de empresas constituídas fora do território nacional, sob a égide de legislação estrangeira;
III - participar, como patrocinadoras, de entidades fechadas de previdência complementar, na forma do art. 202 da Constituição e da lei complementar;
IV - manter vínculo de colaboração com entidade não estatal de direito privado sem fins lucrativos, por meio de contrato público de colaboração, na forma desta Lei.
§1º A União pode participar, de forma direta ou indireta, do capital de empresa supranacional, nos termos do tratado constitutivo.
§2º As empresas ou entidades com participação estatal a que se refere este artigo não integram a administração indireta e estão sujeitas ao regime jurídico que lhes é próprio, segundo sua legislação de regência, não lhes sendo aplicáveis o

regime e os controles a que se submetem as entidades estatais.
§3º Constitui improbidade administrativa o uso, por agente público, de influência sobre as empresas ou entidades a que se refere este artigo, para obter vantagem indevida, para si ou para outrem.

CAPÍTULO II
Das Autarquias

Art. 11. Autarquia é a pessoa jurídica de direito público, criada por lei específica, para prestar serviço público ou exercer outra atividade administrativa que implique poderes próprios do Estado.
Parágrafo único. Considera-se autarquia, para todos os fins, a entidade estatal que a lei tenha denominado fundação ou fundação pública e cujas competências sejam de natureza incompatível com a personalidade de direito privado, não se sujeitando às normas da legislação civil e processual civil relativas a fundações nem às normas desta Lei relativas a fundações estatais.

Art. 12. A autarquia submete-se ao regime jurídico de gestão da administração direta, inclusive quanto a atos e processos administrativos, licitações, contratações, bens, servidores públicos, responsabilização, prestação de contas, imunidade tributária e prerrogativas processuais.
Parágrafo único. A lei pode, sem prejuízo do disposto nesta lei, estabelecer normas especiais para determinada autarquia ou categoria de autarquias.

Art. 13. Respeitados os limites da Constituição e da lei, a autarquia é dotada de capacidade de auto-organização, podendo dispor sobre sua estruturação interna.
§1º A nomeação do dirigente máximo ou dos integrantes dos órgãos colegiados de direção superior cabe ao Chefe do Poder a que esteja vinculada a entidade, observadas as condições constantes de norma constitucional ou legal específica.
§2º A nomeação dos demais dirigentes e dos servidores deve ser feita na forma da lei específica ou, na omissão desta, do regulamento.

§3º O dirigente que, reiteradamente, deixar de observar as proibições e deveres de seu cargo, especialmente os relativos à realização dos fins da entidade e das diretrizes governamentais, ficará sujeito:
I - a afastamento preventivo, por decisão motivada da autoridade supervisora;
II - a destituição, mediante processo administrativo, assegurados o contraditório e a ampla defesa, com inabilitação para o exercício de cargo em comissão ou função de confiança pelo prazo de um a cinco anos, sem prejuízo de pena mais grave prevista em lei.

Art. 14. São autarquias de regime especial:
I - as autarquias regionais, instituídas pelas pessoas político-administrativas para atuação isolada ou conjugada em determinado complexo geoeconômico e social;
II - aquelas a que a Constituição ou a lei atribui maior grau de autonomia, por meio, entre outros, da garantia de mandato fixo e estabilidade a seus dirigentes e da impossibilidade de revisão de seus atos, salvo pelo Poder Judiciário;
III - o consórcio público constituído sob a forma de associação pública.

CAPÍTULO III
Das Entidades Estatais de Direito Privado

SEÇÃO I
Das Empresas Estatais

Art. 15. Empresa estatal é a pessoa jurídica de direito privado, de fins econômicos, controlada direta ou indiretamente por entidade ou entidades estatais, que executa serviços públicos ou explora atividade econômica caracterizada pela produção ou comercialização de bens ou pela prestação de serviços em geral.
§1º Controlada por entidade estatal é a empresa em que esta é titular de direitos que lhe asseguram, de modo permanente, preponderância nas deliberações ou o poder de eleger a maioria dos administradores.
§2º A empresa cujo controle seja assumido por entidade ou entidades estatais mediante doação, dação em pagamento, herança ou legado ou em decorrência de crédito público constituirá ativo a ser alienado, salvo expressa disposição legislativa, ficando submetida ao regime das empresas estatais ao fim do exercício subsequente ao da assunção do controle.

Art. 16. Empresa pública é a empresa estatal cujo capital é integralmente da titularidade de entidade ou entidades estatais, de direito público ou privado.
§1º A empresa pública integra a administração indireta da pessoa políticoadministrativa que detenha o seu controle.
§2º A empresa pública pode adotar a forma de sociedade unipessoal ou pluripessoal, observada a legislação de direito privado ou lei federal específica.

Art. 17. Sociedade de economia mista é a empresa estatal de cujo capital participam pessoas físicas ou entidades não estatais.
Parágrafo único. A sociedade de economia mista deve adotar a forma de sociedade anônima.

Art. 18. A criação de empresa estatal depende de autorização em lei específica, podendo ocorrer por constituição ou por aquisição de ações ou cotas de empresa existente.
§1º A criação cabe ao Poder Executivo ou, quando for o caso, à entidade da administração indireta de que a empresa deva ser subsidiária.
§2º Os critérios para escolha dos acionistas privados que participarão do capital da sociedade de economia mista serão determinados pela lei que autorizar sua criação.
§3º As empresas cujo controle seja assumido mediante aquisição de ações ou cotas devem adaptar-se gradualmente ao regime das empresas estatais até o final do exercício subsequente ao da aquisição.
§4º A extinção ou transferência de controle de empresa estatal depende de autorização por lei específica.

SEÇÃO II
Das Fundações Estatais

Art. 19. Fundação estatal é a pessoa jurídica de direito privado sem fins lucrativos, instituída e mantida por entidade ou entidades estatais, em conjunto ou não com particulares, com autorização legal específica, qualquer que seja sua denominação.

§1º A área de atuação da fundação estatal observará o disposto na Lei complementar a que se refere o inciso XIX do artigo 37 da Constituição.

§2º A instituição de fundação estatal independe de dotação inicial de bens.

§3º O ato de instituição cabe à entidade político-administrativa ou à entidade estatal de que a fundação deva ser subsidiária, podendo assumir, conforme o caso, a forma de decreto ou de escritura pública.

§4º A aquisição da personalidade jurídica dá-se com a inscrição do ato de instituição e do estatuto no Registro Civil das Pessoas Jurídicas.

§5º Fundação estatal mantida pelo poder público é a que dele recebe recursos financeiros para pagamento de despesas com pessoal ou de custeio em geral, mediante dotação orçamentária ou contrato de autonomia, ou ainda por transferência de recursos de entidades estatais de direito privado.

§6º O estatuto da fundação estatal indicará as fontes de recursos para sua manutenção, o modo de constituição e de funcionamento dos órgãos deliberativos e de gestão administrativa, os mecanismos de aprovação das contas, de avaliação de desempenho e de responsabilidade dos conselheiros e administradores, e ainda as condições para a alteração das disposições estatutárias e para a extinção.

§7º A obtenção de recursos pela entidade, em decorrência da exploração econômica do patrimônio, da venda de bens, da prestação de serviços ou de outras atividades não descaracteriza seus fins não lucrativos, desde que integralmente aplicados na realização dos seus objetivos.

§8º A organização e funcionamento da fundação estatal rege-se pelo disposto nesta Lei, não lhe sendo aplicáveis as normas da legislação civil e processual civil relativas a fundações.

§9º Lei específica pode autorizar a desvinculação de entidade sem fins lucrativos da administração indireta, perdendo ela a condição de fundação estatal e passando ao regime da legislação civil, mediante conversão feita pela inscrição de novos estatutos no Registro Civil das Pessoas Jurídicas, desde que:

I - sejam preservados os fins institucionais originais da entidade;

II - a titularidade do patrimônio seja previamente transferida à propriedade da entidade estatal instituidora, facultada a atribuição de direito de uso privativo desses bens para o estrito cumprimento dos fins institucionais, por prazo determinado, renovável na forma de instrumento contratual;

III - o funcionamento da entidade passe a ser assegurado com recursos do setor privado, de organismos internacionais ou recursos próprios, assim entendidos os oriundos da exploração econômica do patrimônio, da venda de bens ou da efetiva prestação de serviços, ainda que o preço correspondente seja pago por entidade estatal; e

IV - seus novos estatutos não atribuam a qualquer entidade estatal a escolha da maioria de seus dirigentes.

Art. 20. A fundação estatal pode ser instituída e mantida por mais de uma pessoa político-administrativa, nos termos das leis autorizativas específicas.

Parágrafo único. A fundação a que se refere o *caput* integra a administração indireta das pessoas político-administrativas instituidoras, salvo previsão em contrário de suas normas específicas.

SEÇÃO III
Do Regime das Entidades Estatais de Direito Privado

Art. 21. Em sua gestão e atuação, a entidade estatal de direito privado deve atender à sua lei específica e, observado o disposto nesta Seção, sujeita-se ao regime jurídico próprio das pessoas jurídicas de direito privado, inclusive quanto à remuneração do pessoal; quanto ao pagamento e execução de seus créditos e débitos; e, ainda, quanto aos direitos e obrigações civis, comerciais, trabalhistas e tributários.

§1º No exercício de suas atividades-fim, a entidade estatal de direito privado está sujeita aos regimes jurídicos que lhe são próprios.
§2º No que se refere à fundação estatal, devem ser observados o disposto no §8º do art. 19 desta Lei e as imunidades previstas na Constituição.

Art. 22. O orçamento da entidade estatal de direito privado dependente é aprovado na lei orçamentária anual, devendo sua execução observar as normas de gestão financeira e patrimonial a que se refere o inciso II do §9º do art. 165 da Constituição e o disposto no inciso XI do art. 37 da Constituição.
§1º A entidade estatal de direito privado dependente que celebrar contrato de autonomia disporá de autonomia gerencial, orçamentária e financeira, nos termos e limites do §8º do art. 37 da Constituição e do Capítulo IV do Título II desta Lei.
§2º A entidade estatal de direito privado não dependente:
I - tem autonomia para aprovar seu próprio orçamento, observado o orçamento de investimentos constante da lei orçamentária anual, nos termos do inciso II do §5º do art. 165 da Constituição, e o programa de dispêndios globais aprovado por decreto;
II - tem autonomia gerencial e financeira, observando, na execução de seu orçamento, as normas próprias das entidades privadas, devendo publicar demonstrações financeiras na forma e prazos da legislação das sociedades anônimas e atender ao §3º do art. 164 da Constituição quanto ao depósito de suas disponibilidades de caixa.
§3º Entidade estatal dependente é a empresa estatal ou a fundação estatal que recebe diretamente do orçamento público recursos financeiros para pagamento das despesas com pessoal ou de custeio em geral ou de capital, salvo, no último caso, os provenientes de aumento de participação acionária em empresa estatal.

Art. 23. O pessoal da entidade estatal de direito privado submete-se à legislação trabalhista.

§1º A admissão depende de concurso público de provas ou de provas e títulos, mediante processo seletivo, salvo para os empregos de confiança com atribuições de direção, chefia e assessoramento.
§2º Pode ser adotado processo seletivo simplificado ou análise de currículo para os casos de contratação por tempo determinado para atender a necessidade temporária de excepcional interesse público, observado, na ausência de lei específica, o disposto na Lei nº 8.745, de 9 de dezembro de 1993, no tocante às hipóteses, aos procedimentos, aos prazos e ao interregno entre contratos.
§3º Decreto da pessoa político-administrativa a que se vincula a entidade regulamentará os processos seletivos, de forma compatível com as peculiaridades da gestão privada, respeitados os princípios constitucionais da administração pública.
§4º Cabe ao órgão de direção da entidade aprovar o quadro de pessoal, indicando os empregos efetivos e de confiança, os requisitos de admissão, a remuneração e, ainda, a organização das carreiras, segundo a formação profissional ou as atribuições funcionais.
§5º Na admissão de pessoal deve ser observado o disposto nos incisos XVI e XVII do art. 37 da Constituição.
§6º A rescisão, por ato unilateral da entidade, do contrato do empregado admitido por concurso público depende, em qualquer hipótese, de ato motivado.
§7º A entidade deve divulgar permanentemente, em página eletrônica atualizada, o quadro de pessoal, com indicação dos cargos, ocupantes, forma de admissão e respectiva remuneração.

Art. 24. A entidade estatal de direito privado não dependente e a que tenha celebrado contrato de autonomia podem, observados os princípios constitucionais da administração pública e as normas desta lei, adotar procedimentos de contratação previstos em seus regulamentos próprios, aprovados por decreto da pessoa político-administrativa a que se vinculam, nos seguintes termos:
I - os regulamentos próprios podem conter regras, soluções e procedimentos específicos

ou simplificados, para assegurar eficiência, economicidade, competitividade e melhoria constante da atuação da entidade;
II - os procedimentos licitatórios devem ter por finalidade permitir a disputa justa entre os interessados e a obtenção de contratação satisfatória e segura para a entidade, e que apresente a melhor relação custo-benefício;
III - o instrumento convocatório da licitação deve definir o objeto do certame, delimitar o universo de proponentes, estabelecer critérios para aceitação e julgamento das propostas, regular o procedimento, que pode ser presencial ou eletrônico, indicar as sanções aplicáveis e fixar as cláusulas do contrato;
IV - o objeto deve ser determinado de forma precisa, suficiente e clara, sem especificações que, por excessivas, irrelevantes ou desnecessárias, limitem a competição;
V - a qualificação, exigida indistintamente dos proponentes, deve ser compatível com o objeto e proporcional à sua dimensão, visando à garantia do cumprimento das futuras obrigações;
VI - como condição de aceitação da proposta, o interessado deve declarar que está em situação regular perante as Fazendas Públicas e a Seguridade Social, fornecendo seus códigos de inscrição, sendo exigida a comprovação da regularidade como condição indispensável à formalização do contrato;
VII - o julgamento deve observar os princípios da vinculação ao instrumento convocatório, avaliação objetiva das propostas e preço justo, sendo o empate resolvido por sorteio;
VIII - as regras procedimentais devem assegurar adequada divulgação do instrumento convocatório, por meio de Diário Oficial e de página eletrônica, prazos razoáveis para o preparo de propostas, os direitos ao contraditório e ao recurso, bem como a transparência e a fiscalização;
IX - pode o instrumento convocatório prever se a habilitação será decidida em fase anterior, na mesma fase ou em fase posterior ao julgamento das propostas;
X - o instrumento convocatório deve prever a forma e o momento de apresentação das propostas, admitidos os sistemas de envelopes, de lances em sessão pública e o misto;
XI - quando o vencedor não celebrar o contrato, serão chamados os demais participantes, na ordem de classificação.
XII - sem prejuízo dos outros casos legais de dispensa e inexigibilidade, é inexigível a licitação quando sua realização for prejudicial ao exercício das atividades-fim ou à capacidade competitiva da entidade, consideradas as práticas habituais do mercado, bem assim os custos, prazos e demais vantagens da contratação direta, devendo o regulamento de cada entidade especificar, de modo analítico e preciso, as situações de incidência dessa hipótese de inexigibilidade e prever procedimentos internos para o adequado controle das contratações.
§1º Os órgãos de controle devem respeitar a autonomia da entidade para, nos termos desta lei, aplicar seus procedimentos e definir sua política de contratações, não podendo exigir-lhe a observância de requisitos incompatíveis com essa autonomia.
§2º A minuta de regulamento deve ser submetida a consulta pública, com prazo mínimo de 30 (trinta) dias a contar de sua publicação.

Art. 25. Nas execuções e no cumprimento de sentenças em face de entidade estatal de direito privado, a penhora deve ser feita na forma do art. 678 do Código de Processo Civil, vedada a penhora sobre a renda em montante que inviabilize a continuidade das atividades em execução.
Parágrafo único. A penhora não pode atingir os bens insubstituíveis e comprovadamente indispensáveis à execução material de atividade pública; mas sobre esses bens pode ser instituído usufruto em favor do exequente, na forma do art. 716 e seguintes do Código de Processo Civil, assegurando-se à executada direito ao arrendamento compulsório, cujas condições serão fixadas pelo juiz, fazendo-se em juízo o depósito mensal do valor respectivo.

Art. 26. Os consórcios públicos com personalidade de direito privado regem-se por sua legislação específica.

CAPÍTULO IV
Do Contrato de Autonomia

Art. 27. A autonomia gerencial, orçamentária e financeira dos órgãos e entidades da administração direta e indireta pode ser ampliada mediante a celebração de contrato de autonomia, observadas as exigências desta Lei e o disposto no §8º do art. 37 da Constituição.

§1º Contrato de autonomia é o acordo celebrado entre a entidade ou órgão supervisor e a entidade ou órgão supervisionado, por seus administradores, para o estabelecimento de metas de desempenho do supervisionado, com os respectivos prazos de execução e indicadores de qualidade, tendo como contrapartida a concessão de flexibilidades ou autonomias especiais.

§2º O contrato de autonomia constitui, para o supervisor, forma de autovinculação e, para o supervisionado, condição para a fruição das flexibilidades ou autonomias especiais.

§3º Deve ser interveniente no contrato de autonomia o órgão setorial do poder público com competência para elaborar, propor, coordenar e apoiar a execução orçamentária, bem como os programas e projetos de reforma e modernização do aparelho do Estado.

Art. 28. O contrato de autonomia tem como objetivo fundamental a promoção da melhoria do desempenho do supervisionado, visando especialmente a:
I - aperfeiçoar o acompanhamento e o controle de resultados da gestão pública, mediante instrumento caracterizado pela consensualidade, objetividade, responsabilidade e transparência;
II - compatibilizar as atividades do supervisionado com as políticas públicas e os programas governamentais;
III - facilitar o controle social sobre a atividade administrativa;
IV - estabelecer indicadores objetivos para o controle de resultados, aperfeiçoando as relações de cooperação e supervisão;
V - fixar a responsabilidade de dirigentes quanto aos resultados; e
VI - promover o desenvolvimento e a implantação de modelos de gestão flexíveis, vinculados ao desempenho, propiciadores do envolvimento efetivo dos agentes e dirigentes na obtenção de melhorias contínuas da qualidade dos serviços prestados à comunidade.

Art. 29. O contrato pode conferir ao supervisionado, durante sua vigência, as seguintes flexibilidades e autonomias especiais, sem prejuízo de outras previstas em lei:
I - gerenciais:
a) adoção de procedimentos próprios de contratação, na forma do art. 24 desta Lei;
b) autorização para concessão de bônus para servidores, de natureza eventual, vinculado ao cumprimento do contrato, a título de prêmio, sem incorporação à remuneração;
II - orçamentárias:
a) no caso de órgãos da administração direta e autarquias - simplificação da programação orçamentária, admitindo-se ao supervisionado o remanejamento administrativo de dotações entre ações específicas, desde que respeitadas as metas pactuadas;
b) no caso de entidades estatais de direito privado dependentes – equiparação, total ou parcial, às entidades não dependentes no tocante à autonomia orçamentária ou autonomia de gestão orçamentária, mediante a concessão de dotação global, ficando o supervisionado autorizado a fazer o detalhamento ulterior;
c) para qualquer órgão ou entidade – autorização para receber e aplicar, independentemente de autorização na lei orçamentária, as receitas de fontes não orçamentárias, desde que vinculadas ao exercício de suas atividades, tais como contraprestação por execução de serviços, venda de bens ou cessão onerosa de direitos, recursos de entidades não estatais ou de fomento, reembolso de despesas, doações ou legados;
III - financeiras: autorização para o supervisionado promover o empenho integral das despesas relacionadas à execução do contrato.

§1º O contrato de autonomia pode, nos termos do regulamento, conferir ao supervisionado flexibilidades ou autonomias em relação a exigências de origem regulamentar.

§2º Os recursos a que se refere a alínea c do inciso II deste artigo consideram-se legalmente vinculados à realização das atividades finalísticas do supervisionado, nos termos do parágrafo único do art. 8º da Lei Complementar nº 101, de 4 de maio de 2000.

§3º A eficácia do contrato quanto à outorga de autonomia orçamentária depende de prévia autorização constante da lei orçamentária anual, da lei de diretrizes orçamentárias ou de lei específica.

Art. 30. São cláusulas necessárias ao contrato de autonomia, sem prejuízo de outras especificações, as que estabeleçam:
I - metas de desempenho, prazos de consecução e respectivos indicadores de avaliação;
II - estimativa dos recursos orçamentários e cronograma de desembolso dos recursos financeiros necessários à execução das ações pactuadas, durante toda a vigência do contrato;
III - obrigações e responsabilidades das partes em relação às metas definidas;
IV - flexibilidades e autonomias especiais conferidas ao supervisionado;
V - sistemática de acompanhamento e controle, contendo critérios, parâmetros e indicadores, a serem considerados na avaliação do desempenho;
VI - penalidades aplicáveis aos responsáveis, em caso de falta pessoal que provoque descumprimento injustificado do contrato;
VII - condições para sua revisão, suspensão, renovação, prorrogação e rescisão; e
VIII - prazo de vigência, não superior a 5 (cinco) anos nem inferior a 1 (um) ano.

§1º O supervisionado deve promover a publicação do extrato do contrato em órgão oficial, como condição indispensável para sua eficácia, e a sua ampla e integral divulgação por meio eletrônico.

§2º Meta de desempenho é o nível desejado de atividade ou resultado, estipulado de forma mensurável e objetiva para determinado período.

§3º Indicador de desempenho é o referencial utilizado para avaliar o desempenho do supervisionado.

§4º O não atingimento de metas intermediárias, comprovado objetivamente, dá ensejo, mediante ato motivado, à suspensão do contrato e da fruição das flexibilidades e autonomias especiais, enquanto não houver recuperação do desempenho ou a repactuação das metas.

§5º O contrato pode ser rescindido por acordo entre as partes ou por ato do supervisor nas hipóteses de insuficiência injustificada do desempenho do supervisionado ou por descumprimento reiterado das cláusulas contratuais.

Art. 31. Os créditos orçamentários necessários ao cumprimento do contrato de autonomia devem ser diretamente liberados ao supervisionado, em conformidade com o cronograma de desembolso, o plano plurianual e a lei orçamentária anual.
Parágrafo único. O contrato obriga, independentemente de autorização administrativa prévia, o empenho integral das despesas relacionadas à sua execução, ressalvadas as parcelas de recursos para as quais o contrato haja expressamente previsto a possibilidade de limitação pela autoridade competente.

Art. 32. Constituem obrigações dos administradores do supervisionado:
I - promover a revisão dos processos internos para sua adequação ao regime especial de flexibilidades e autonomias, com definição de mecanismos de controle interno; e
II - alcançar as metas e cumprir as obrigações estabelecidas, nos respectivos prazos.

Art. 33. Constituem obrigações dos administradores do supervisor:
I - estruturar procedimentos internos de gerenciamento do contrato de autonomia, acompanhando e avaliando os resultados, segundo os prazos, indicadores e metas de desempenho pactuados;
II - assegurar os recursos e meios necessários à execução do contrato, incluindo, na proposta de lei orçamentária anual a ser encaminhada ao Congresso Nacional, os recursos orçamentários nele previstos; e
III - dar orientação técnica ao supervisionado nos processos de prestação de contas.

CAPÍTULO V
Do Planejamento, Articulação e Controle das Entidades Estatais

SEÇÃO I
Do Planejamento

Art. 34. O planejamento da ação governamental deve propiciar a racionalidade administrativa, a coordenação das políticas públicas e a realização dos direitos fundamentais, mediante planos e programas elaborados nos termos da Constituição, desta Lei e da legislação específica.
Parágrafo único. São instrumentos de planejamento, sem prejuízo de outros, legais ou infralegais:
I - plano geral de governo;
II - programas gerais, setoriais e regionais de duração plurianual;
III - plano plurianual;
IV - diretrizes orçamentárias e metas fiscais;
V - orçamento anual e seus anexos, inclusive demonstrativo de compatibilidade com objetivos e metas fiscais;
VI - programação financeira de desembolso e quadro de quotas trimestral de despesas por unidade orçamentária;
VII - quadro de recursos de aplicações de capital de duração mínima trianual.

Art. 35. O planejamento compreende:
I - planejamento orçamentário e financeiro;
II - planejamento finalístico geral, regional, setorial e intersetorial.
Parágrafo único. Para realização do planejamento podem ser organizadas convenções abertas às entidades político-administrativas com atuação na matéria.

Art. 36. Cabe a órgão central de planejamento a articulação e ampla divulgação dos instrumentos de planejamento.

Art. 37. O planejamento é determinante para o setor público e tem caráter indicativo para o setor privado, sendo vedada a adoção de instrumentos de planejamento para, sem razoabilidade, obrigar ou proibir atividades privadas.

SEÇÃO II
Da Articulação Administrativa

Art. 38. A articulação administrativa dá-se por meio da coordenação e da supervisão e visa à eficácia, à eficiência e à compatibilização da atuação dos agentes, órgãos e entidades estatais com as políticas públicas, o planejamento e as diretrizes governamentais.

Art. 39. A coordenação e a supervisão têm por objetivo assegurar a uniformidade, a racionalidade e a coesão política no exercício das competências dos diferentes órgãos e entidades estatais, bem como no relacionamento com as entidades paraestatais e com as entidades não estatais.

Subseção I
Da Coordenação

Art. 40. A coordenação destina-se a simplificar, integrar e unificar a ação administrativa.
Parágrafo único. Devem ser promovidos o compartilhamento de informações em rede, a racionalização no uso de recursos e a unificação de procedimentos, evitando-se a sobreposição de competências e a duplicação de níveis decisórios.

Art. 41. A coordenação deve ser exercida em todos os níveis da administração, mediante a atuação das chefias, com a participação das chefias subordinadas e a instituição e funcionamento de comissões de coordenação, respeitadas a autonomia e as competências do órgão ou entidade estatal.

Art. 42. As comissões de coordenação devem promover a racionalização de meios e o intercâmbio de informações concernentes aos programas e iniciativas de cada órgão ou entidade envolvida.

Art. 43. No exame de matéria que envolva diferentes interesses setoriais, o Chefe do Executivo poderá convocar conferência de serviço, que reúna os órgãos e entidades competentes para decisão célere e concertada.
§1º Sempre que possível, a conferência será realizada em sessão única de instrução ou deliberação.

§2º Em casos de urgência, o Chefe do Executivo pode estabelecer prazo máximo para a providência ou decisão de cada órgão ou entidade, sob pena de responsabilização funcional das autoridades que se omitirem.

§3º Ultrapassado o prazo, caso a demora possa causar prejuízos graves ao interesse público, o Chefe do Executivo avocará a competência do órgão ou entidade omissa.

Art. 44. As entidades estatais devem buscar a composição de conflitos com outras entidades estatais.

Subseção II
Da Supervisão

Art. 45. Os órgãos e entidades estatais submetem-se à supervisão hierárquica ou por vinculação, nos termos desta Lei.

Art. 46. A supervisão hierárquica deve ser exercida em caráter contínuo e compreender a nomeação de dirigentes, a emissão de atos normativos e de ordens, o estabelecimento e avaliação de objetivos e metas, o monitoramento das ações, o exercício do poder disciplinar e ainda a cobrança permanente de informações e resultados.

§1º A supervisão hierárquica é exercida em relação aos órgãos diretamente subordinados e compete, conforme o caso, ao Chefe do Executivo, aos Ministros e seus equivalentes nos Estados, Distrito Federal e Municípios, e aos dirigentes das entidades da administração indireta.

§2º A prerrogativa de supervisão hierárquica não implica o poder de avocação de competências, a qual só é admitida em caráter excepcional e temporário, sempre motivadamente, nos termos da lei.

§3º A supervisão hierárquica deve respeitar os graus de autonomia decorrentes da lei específica ou do contrato de autonomia.

Art. 47. A supervisão por vinculação é exercida sobre as entidades da administração indireta, as quais ficam sujeitas:
I - à verificação periódica do atendimento de diretrizes governamentais e dos objetivos fixados nos seus atos constitutivos e, quando for o caso, nos contratos de autonomia;
II - à prestação de informações administrativas, operacionais e financeiras;
III - a normas de elaboração, encaminhamento e execução orçamentária e de responsabilidade fiscal;
IV - a limites e critérios para despesas com pessoal, nos termos do previsto em lei específica;
V - a limites e critérios de despesas com publicidade, observado inclusive o disposto no §1º do art. 37 da Constituição;
VI - à adoção, na aplicação das leis e regulamentos de natureza administrativa que digam respeito às atividades-meio, da interpretação jurídica de caráter geral regularmente aprovada no âmbito do Poder Executivo.

§1º A supervisão de que trata este artigo incumbe ao órgão a que se vincula a entidade.

§2º O exercício, pelo poder público, de seus direitos de sócio nas empresas estatais e de suas faculdades estatutárias nas fundações estatais, cabe às autoridades determinadas segundo as normas de organização administrativa competentes.

Art. 48. Configura improbidade administrativa a reiterada omissão do dirigente da entidade supervisionada, no dever de prestar as informações solicitadas pelo órgão de supervisão.

Art. 49. O exercício da supervisão por vinculação não pode ensejar a redução ou a supressão da autonomia conferida pela lei específica da entidade supervisionada, ou inerente a sua natureza, nem autoriza a ingerência do supervisor em sua administração e funcionamento, devendo a supervisão ser exercida nos limites da legislação aplicável.

SEÇÃO III
Do Controle

Subseção I
Das Regras Gerais

Art. 50. O controle das atividades dos órgãos e entidades estatais deve obedecer

ao disposto na Constituição, nesta Lei e na legislação especial e observar as seguintes diretrizes:
I - supressão de controles meramente formais ou cujo custo seja evidentemente superior ao risco;
II - controle *a posteriori*, constituindo exceção o controle prévio ou concomitante;
III - predomínio da verificação de resultados;
IV - simplificação dos procedimentos;
V - eliminação de sobreposição de competências e de instrumentos de controle;
VI - dever, para os órgãos ou entes de controle, de verificação da existência de alternativas compatíveis com as finalidades de interesse público dos atos ou procedimentos que sejam por eles impugnados; e
VII - responsabilização pessoal do agente que atuar com incúria, negligência ou improbidade.
Parágrafo único. Os órgãos e entes de controle não podem substituir-se aos agentes, órgãos ou entes controlados no exercício de suas competências, inclusive quanto à definição de políticas públicas.

Art. 51. O controle deve ser compatível com a natureza do órgão ou entidade controlados e com a especificidade da atividade exercida.

Art. 52. O controle das empresas estatais a que se refere o §1º do art. 173 da Constituição deve ser feito preferencialmente por suas instâncias de governança corporativa, observadas as peculiaridades decorrentes da necessidade de concorrência com empresas privadas.

Art. 53. Os órgãos e as entidades estatais devem, anualmente, até 31 de março, fazer publicar, em meio eletrônico, em linguagem acessível ao cidadão, seu relatório de atividades, indicando as metas e os resultados institucionais alcançados e circunstanciando os obstáculos encontrados.
§1º As metas devem ser estabelecidas em conformidade com o plano plurianual, os programas de trabalho e os contratos de autonomia.

§2º Incumbe ao órgão central de planejamento a análise do relatório de atividades, verificando a observância dos planos e publicando a síntese de suas conclusões.

Art. 54. Os órgãos de consultoria jurídica da administração, independentemente de sua função de assessoria, devem, no exercício do controle prévio de legalidade, prestar orientação jurídica quanto à adoção de medidas aptas a permitir a efetividade da ação administrativa, em conformidade com os preceitos legais.
§1º Os agentes dos órgãos a que se refere o *caput* deste artigo não são passíveis de responsabilização por suas opiniões técnicas, ressalvada a hipótese de dolo ou erro grosseiro, em parecer obrigatório e vinculante para a autoridade a quem competir a decisão.
§2º Não se considera erro grosseiro a adoção de opinião sustentada em interpretação razoável, em jurisprudência ou em doutrina, ainda que não pacificada, mesmo que não venha a ser posteriormente aceita, no caso, por órgãos de supervisão e controle, inclusive judicial.

Art. 55. O controle sobre os órgãos e entidades estatais compreende o controle público, sob a forma de autocontrole e controle externo, e o controle social.

Art. 56. O controle público tem por objeto, entre outros, a aplicação de recursos ou bens públicos, os resultados e a legalidade.

Art. 57. Os órgãos de controle público podem propor a assinatura de termos de ajustamento de gestão para o efeito de afastar a aplicação de penalidades ou sanções e adequar os atos e procedimentos do órgão ou entidade controlada aos padrões de regularidade.
Parágrafo único. O termo de ajustamento de gestão não pode ter por objeto a limitação de competências discricionárias do gestor, nem a imposição de obrigações para os particulares, por via direta ou reflexa.

Subseção II
Do Autocontrole

Art. 58. O autocontrole dos órgãos e entidades estatais compreende o controle interno e o controle correcional.

Art. 59. O autocontrole visa à avaliação da ação governamental e da gestão dos administradores públicos, de modo permanente ou mediante provocação, e ao apoio ao controle externo.

Art. 60. O sistema de controle interno pode compreender um órgão central e órgãos setoriais que atuem de forma articulada e coerente.
Parágrafo único. Compete ao órgão central a normatização e a coordenação das atividades de controle interno, cabendo aos órgãos setoriais a fiscalização contábil, financeira, orçamentária, operacional e patrimonial, e o apoio ao controle externo, nos termos do art. 74 da Constituição.

Art. 61. O controle correcional é exercido pelos órgãos de auditoria ou corregedoria e tem caráter reativo, devendo ser acionado por provocação interna ou externa aos quadros da Administração.
Parágrafo Único. Os órgãos de controle correcional não podem instaurar processo de auditoria ou investigação de ofício, salvo por ocasião da publicação do relatório anual de atividades de que trata o art. 55 desta Lei, se de sua análise surgirem indícios de irregularidades.

Subseção III
Do Controle Externo

Art. 62. Ressalvado o controle jurisdicional, o controle externo dos órgãos e entidades estatais é exercido pelo Poder Legislativo, com o auxílio do Tribunal de Contas respectivo.
Parágrafo único. O controle externo não pode implicar interferência na gestão dos órgãos ou entidades a ele submetidos nem ingerência no exercício de suas competências ou na definição de políticas públicas.

Art. 63. O controle externo não implica a exigência ou o processamento de exames prévios, como condição de validade ou eficácia de atos da administração.

Art. 64. Sujeitam-se ao controle quaisquer pessoas que utilizem, arrecadem, guardem ou administrem dinheiros, bens e valores públicos ou que assumam obrigações de natureza pecuniária em nome de entidade estatal.
Parágrafo único. Para fins deste artigo, não se consideram como dinheiros, bens e valores públicos os recursos que sejam transferidos a entidade não estatal a título de remuneração ou de contraprestação pecuniária, devendo neste caso o controle se limitar à verificação da legalidade da despesa realizada pela entidade estatal e ao cumprimento da obrigação ensejadora do pagamento.

Art. 65. O controle relativo aos contratos celebrados com entidades não estatais deve limitar-se à verificação do cumprimento do contrato, sendo vedada a exigência de observância de normas e procedimentos relativos a regime jurídico incompatível com sua natureza.

Subseção IV
Do Controle Social

Art. 66. Controle social dos órgãos e entidades estatais é o exercido pela sociedade civil, por meio da participação nos processos de planejamento, acompanhamento, monitoramento e avaliação das ações da gestão pública e na execução das políticas e programas públicos.
Parágrafo único. O controle social visa ao aperfeiçoamento da gestão pública, à legalidade, à efetividade das políticas públicas e à eficiência administrativa.

Art. 67. São meios de controle social, entre outros:
I - participação em consulta pública ou audiência pública;
II - exercício do direito de petição ou de representação;
III - denúncia de irregularidades;

IV - atuação do interessado nos processos administrativos;
V - participação em órgãos colegiados, na forma da lei.

Art. 68. As entidades estatais buscarão manter ouvidorias, com o objetivo de receber, examinar e encaminhar reclamações, elogios e sugestões.
§1º O ouvidor terá acesso a todos os assuntos e contará com o apoio administrativo de que necessitar.
§2º O ouvidor produzirá anualmente ou, quando oportuno, relatório contendo apreciações críticas sobre a atuação estatal, publicando-o por meio eletrônico e encaminhando-o à autoridade superior.

TÍTULO III
Das Entidades Paraestatais

Art. 69. São entidades paraestatais:
I - as corporações profissionais, com personalidade jurídica de direito público;
II - os serviços sociais autônomos, com personalidade jurídica de direito privado.

Art. 70. As corporações profissionais são as entidades previstas em lei federal, de natureza associativa, que têm por objeto:
I - a regulação, a fiscalização e a disciplina do exercício profissional;
II - a defesa dos direitos e interesses coletivos e individuais homogêneos de seus associados; e
III - outras competências asseguradas pela Constituição e por seu estatuto profissional definido em lei.

Art. 71. Serviços sociais autônomos são pessoas jurídicas criadas ou previstas por lei federal como entidades privadas de serviço social e de formação profissional vinculadas ao sistema sindical e sujeitas ao disposto no art. 240 da Constituição.

Art. 72. As entidades paraestatais devem observar os princípios de legalidade, legitimidade, moralidade, eficiência, interesse público e social, razoabilidade, impessoalidade, economicidade e publicidade, e atender às normas constitucionais, legais, regulamentares, estatutárias e regimentais aplicáveis.
§1º As entidades paraestatais não se submetem às normas das entidades estatais sobre contratação administrativa e servidores públicos, devendo adotar procedimentos próprios de gestão financeira, contratação e seleção de pessoal que assegurem a eficiência e a probidade na aplicação de seus recursos, publicando anualmente suas demonstrações financeiras e prestando contas nos termos do parágrafo único do art. 70 da Constituição, as quais devem ser apreciadas, pelo Tribunal de Contas da União, dentro dos limites determinados pelo respeito à autonomia que lhes foi conferida por lei.
§2º As corporações profissionais submetem-se ao direito público no exercício do seu poder fiscalizador, regulador e sancionador, regendo-se, quanto ao mais, pelo direito privado e do trabalho.

TÍTULO IV
Das Entidades de Colaboração

Art. 73. São entidades de colaboração as pessoas jurídicas de direito privado não estatais, sem fins lucrativos, constituídas voluntariamente por particulares, que desenvolvam atividades de relevância pública, essenciais à coletividade, objeto de incentivo e fiscalização regular do Poder Público.
§1º Considera-se sem fins lucrativos a entidade que, cumulativamente:
I - não distribua, entre seus sócios ou associados, conselheiros, diretores, empregados, doadores ou fundadores, eventuais excedentes operacionais, brutos ou líquidos, dividendos, bonificações, participações ou parcelas do seu patrimônio, auferidos no exercício de suas atividades;
II - aplique eventuais excedentes financeiros integralmente no desenvolvimento de seus objetivos sociais, de forma imediata ou mediata, neste último caso pela constituição de fundo de reserva;
III - preveja em seu estatuto a destinação de seu patrimônio social a outra entidade da mesma natureza ou a entidade estatal, em caso de extinção.

§2º A obtenção de recursos pela entidade, em decorrência da exploração econômica do patrimônio, da venda de bens, da prestação de serviços ou de outras atividades não descaracteriza seus fins não lucrativos, desde que integralmente aplicados na realização dos seus objetivos.

§3º O vínculo da entidade estatal com as entidades referidas no *caput* será estabelecido exclusivamente por contrato público de colaboração, inclusive nas modalidades de contrato de gestão, termo de parceria, convênio ou outra prevista em lei específica.

§4º Sujeita-se ao regime do contrato público de colaboração todo instrumento que institua vínculo de colaboração, nos termos definidos nesta Lei, independentemente da terminologia utilizada na legislação específica, que será aplicada subsidiariamente.

§5º O disposto neste Título não se aplica aos contratos administrativos celebrados com as entidades não estatais de direito privado sem fins lucrativos regidos pela Lei nº 8.666, de 21 de junho de 1993, e legislação correlata.

Art. 74. Vínculo de colaboração é o que tem por objeto:
I - o fomento, pela entidade estatal, de atividade de relevância pública de iniciativa da entidade não estatal;
II - a atribuição, a entidade não estatal, da execução de ação ou programa de iniciativa estatal, de relevância pública, mediante contrapartidas da entidade estatal;
III - a execução conjunta, por entidade estatal e entidade não estatal, de atividade de relevância pública.
Parágrafo único. Para fins deste artigo, são de relevância pública as atividades, ações e programas relativos especialmente aos seguintes campos:
a) assistência social;
b) cultura, proteção e conservação do patrimônio histórico e artístico;
c) prestação de serviços de saúde, de educação e de outros serviços sociais diretamente à população, em caráter complementar ou suplementar aos serviços estatais, de forma inteiramente gratuita ou predominantemente gratuita;
d) incentivo ao voluntariado;
e) segurança alimentar e nutricional;
f) incentivo à prática de esportes;
g) desenvolvimento econômico e social e combate à pobreza;
h) promoção da ética, da paz, da cidadania, dos direitos humanos, da democracia e de outros valores universais;
i) preservação e conservação do meio ambiente e promoção do desenvolvimento sustentável;
j) experimentação, não lucrativa, de novos modelos sócio-produtivos e de sistemas alternativos de produção, comércio, emprego e crédito;
k) promoção de direitos e assessoria jurídica gratuita; ou
l) estudos e pesquisas, desenvolvimento de tecnologias alternativas, produção e divulgação de informações e conhecimentos técnicos e científicos que digam respeito às atividades e finalidades mencionadas neste artigo.

Art. 75. O contrato público de colaboração não pode:
I - contemplar atividade que não seja de relevância pública;
II - importar a delegação das funções de regulação, do exercício do poder de polícia ou de outras atividades exclusivas do Estado; e
III - destinar-se ao simples fornecimento, pela entidade não estatal, de mão de obra, serviço ou bens necessários à execução de atividade pela própria entidade estatal, salvo no caso do art. 79.

Art. 76. A entidade estatal, observadas as normas legais e administrativas, deve definir, por regulamento:
I - os tipos de vínculos de colaboração que se dispõe a estabelecer e respectivos prazos de vigência;
II - os requisitos de elegibilidade das entidades pretendentes;
III - os requisitos da manifestação de interesse ou requisitos do projeto a ser apresentado pelas entidades; e
IV - os procedimentos, prazos e critérios de decisão do processo de chamamento público.

Parágrafo único. A minuta de regulamento deve ser submetida a consulta pública, com prazo mínimo de 30 (trinta) dias a contar de sua publicação.

Art. 77. O contrato público de colaboração deve ser precedido de processo de chamamento público, salvo quando:
I - oriundo de credenciamento da entidade não estatal em programa permanente, para recebimento de benefícios padronizados, aplicáveis igualmente a todas as entidades aptas;
II - importe a doação de bens ou a transferência de recursos, a entidade não estatal, de valor anual inferior a R$50.000,00 (cinquenta mil reais);
III - atenda a necessidade urgente, devidamente motivada; ou
IV - seu objeto exclusivo for o fomento à entidade estatal (art. 79).

Art. 78. O processo de chamamento público destina-se à tomada de decisão quanto às entidades a serem contratadas e ao conteúdo das contratações, com observância dos princípios constitucionais e legais da administração pública.
§1º O processo deve ser iniciado pela publicação, na imprensa oficial e em página eletrônica, de edital contendo as especificações relativas ao processo e ao contrato ou contratos a serem celebrados, nos termos do regulamento.
§2º São públicos os autos, sessões deliberativas e atos do processo de seleção.
§3º Às participantes é assegurada igualdade de oportunidades e de tratamento no procedimento.
§4º As decisões devem ser formalmente motivadas, com análise obrigatória e comparação das manifestações de interesse ou projetos apresentados.

Art. 79. Deve ser ajustado por contrato público de colaboração o fomento, por qualquer empresa ou entidade, estatal ou não estatal, nacional ou estrangeira, de atividade de relevância pública desenvolvida por entidade estatal.
Parágrafo único. O contrato a que se refere este artigo não pode envolver a realização de contraprestação nem a transferência de recursos financeiros, de bens ou de direitos em favor do fomentador.

Art. 80. O contrato público de colaboração deve ser formalizado por escrito, com a estipulação adequada dos direitos e obrigações dos contratantes, incluindo os procedimentos de controle, fiscalização e prestação de contas a serem adotados.
§1º O contrato deve ser publicado, por extrato, em órgão oficial de divulgação como condição indispensável para sua eficácia e, integralmente, por meio eletrônico.
§2º A atuação dos órgãos de controle limita-se à verificação da regularidade do contrato e de seus resultados, não sendo admitido controle ou interferência na gestão da entidade não estatal.
§3º A entidade não estatal deve observar procedimentos próprios que assegurem eficiência e probidade na seleção de pessoal e no dispêndio de recursos recebidos em virtude do contrato.
§4º Na vigência do contrato, a entidade não estatal, direta ou indiretamente, não pode participar de campanhas ou de atividades de caráter político-partidário ou eleitoral, sob quaisquer meios ou formas.

Art. 81. O contrato público de colaboração não se submete às normas da Lei nº 8.666, de 21 de junho de 1993, salvo quando celebrado na modalidade de convênio, hipótese em que também deve ser observado o disposto no art. 116 daquela lei.

Art. 82. Para o desenvolvimento dos planos, projetos, programas e ações de relevância pública, podem ser disponibilizados para a entidade de colaboração, se houver justificado interesse público, servidores da entidade estatal cedidos para esse fim e sem ônus para a origem.
§1º A cessão faz-se sem prejuízo dos direitos e vantagens inerentes aos respectivos cargos efetivos ou empregos.
§2º No caso de haver diferença, para menos, entre a remuneração de servidor e a de empregado contratado pela entidade de colaboração, ambos com a mesma função na execução das atividades, cabe

à entidade não estatal pagar a complementação correspondente, que não se incorporará à remuneração do servidor.

§3º Fica vedado à entidade estatal o pagamento de débitos contraídos por entidade de colaboração, assim como a assunção de responsabilidade, a qualquer título, em relação ao pessoal contratado.

§4º O contrato pode prever a cessão de uso de bens da entidade estatal à entidade de colaboração, durante seu prazo de vigência.

TÍTULO V
Disposições Finais e Transitórias

Art. 83. O art. 235, §2º, da Lei nº 6.404, 15 de dezembro de 1976, passa a vigorar com a seguinte redação:
"Art. 235. (...)
§2º As companhias de que participarem *minoritariamente* as sociedades de economia mista estão sujeitas ao disposto nesta Lei, sem as exceções previstas neste Capítulo."

Art. 84. No caso de entidade estatal que, na data desta Lei, já possua autorização legal para criação de sociedade de economia mista, a definição dos critérios a que se refere o §2º do art. 18 será feita por decreto.

Art. 85. No âmbito da administração pública federal, as fundações que tenham pessoal, total ou parcialmente, sob o regime da lei 8.112 de 11 de dezembro de 1990, e cujas competências sejam de natureza compatível com a personalidade de direito privado poderão, mediante o decreto a que se refere o §3º do art. 19 desta lei, ser enquadradas no regime da fundação estatal a que se refere esta lei.

Parágrafo único. Feito o enquadramento, o pessoal a que se refere o *caput* deste artigo integrará um quadro em extinção vinculado ao Ministério supervisor e será cedido à entidade para atendimento de suas finalidades.

Art. 86. A entidade que, conforme o disposto no parágrafo único do art. 11 desta Lei, deva se submeter ao regime de autarquia mas esteja organizada de outra forma, deverá adaptar-se ao regime autárquico no prazo de 180 dias da vigência desta Lei.

Art. 87. As subsidiárias de entidades estatais que não estejam adaptadas ao regime previsto nesta Lei deverão promover as adaptações necessárias no prazo de 180 dias da vigência desta Lei.

Art. 88. O Poder Executivo promoverá estudos com vistas à eventual transformação da natureza jurídica das entidades da administração indireta, nos termos do art. 26 da Emenda Constitucional n. 19, tendo em conta a finalidade e as competências efetivamente executadas e o disposto nesta Lei.

Art. 89. A partir da vigência desta lei, a admissão de pessoal nas entidades estatais de direito privado dependerá da prévia edição do decreto a que se refere o §3º do art. 23 desta Lei.

Art. 90. Ficam revogados:
I - o Decreto-lei nº 200, de 25 de setembro de 1967, salvo quanto aos artigos 28 a 66, 94 a 97 e 177 a 179;
II - o Decreto-lei nº 900, de 29 de setembro de 1969.

Art. 91. Esta lei entrará em vigor 180 dias após sua publicação.

Almiro do Couto e Silva
Carlos Ari Sundfeld
Floriano de Azevedo Marques Neto
Maria Coeli Simões Pires
Maria Sylvia Zanella Di Pietro
Paulo Eduardo Garrido Modesto
Sérgio de Andréa Ferreira

Esta obra foi composta em fonte Palatino Linotype, corpo 10,5
e impressa em papel Offset 75g (miolo) e Supremo 250g (capa)
pela Gráfica e Editora O Lutador.
Belo Horizonte/MG, novembro de 2010.